デジタルトランスフォーメーションで何が起きるのか

西田宗千佳

「スマホネイティブ」以後のテック戦略

DIGITAL TRANSFORMATION

講談社

デジタルトランスフォーメーションで何が起きるのか

「スマホネイティブ」以後のテック戦略

ブックデザイン　鈴木知哉

はじめに

インターネットは、大学や研究機関を結ぶ学術目的のネットワークとして誕生した。それが、家庭やオフィスで使われる一般的なインフラになってから、早くも30年が経過しようとしている。携帯電話も、通話のための道具から、メールやウェブなどのデータ通信をおこなう道具へとその役割を進化させ、現在はスマートフォンという「インターネットを軸にした機器」に変貌している。

そして、スマートフォンが普及しはじめて10年以上が経ち、人生の大半をスマホとともに過ごしてきた「スマホネイティブ世代」が誕生している。そのスマホネイティブ世代を取り込み、早くも次の時代への布石を打とうというのが、ヤフーによるＬＩＮＥ統合の動きだ。

過去と同じ経営判断やビジネスの手法、働き方をしていたのでは、決して新しい顧客＝「スマホネイティブ」以後の世代には対応できない。デジタルネットワークを軸にした世界へと変化したのだから、ビジネスのあり方もまた、これにあわせて変わらねばならない。

そんな時代のキーフレーズとして生まれたのが、「デジタルトランスフォーメーション」

だ。いまや、新聞紙上で「デジタルトランスフォーメーション」という言葉や、その略称である「ＤＸ」の２文字を見ない日はない。

だが、私は「デジタルトランスフォーメーション」という言葉がキライだ。

なぜなら、それが「なにを意味しているのか」がよくわからないからだ。きっと、他の多くの人にも、その真意はきちんと伝わっていないのではないか。意味が伝わっていないのに、言葉だけが使われつづけている――そう思えてならないのだ。

同様に、「働き方改革」という言葉も好きではない。

デジタルトランスフォーメーションと同じように、「なんとなく意味は伝わってくるけれど、それが示している姿がきわめてぼんやりしている」からである。

日本企業は、アメリカやヨーロッパ、中国などに比べて競争力を失っている、といわれている。「カイゼン」や「モノづくり」を旗印にやってきた国が、「効率性」や「品質」の戦いで苦戦している。

そうした状況を、新しいテクノロジーの導入でひっくり返し、現代にふさわしい労働環境と競争力を身につけよう……。デジタルトランスフォーメーションや働き方改革という言葉が示す狙いは、そういうことであるはずだ。

しかし、どうにもそれは「言葉先行」でありすぎるように思う。デジタルトランスフォーメーションがなにをもたらし、ビジネスのどういうところが変化し、どんな働き方の改革につながるのか――。それを具体的に示している例は、意外なほど少ないのが実情だ。なんとなく「デジタルツールを活用する」「仕事のスピードが速くなる」「労働時間が短くなる」というイメージをもたらすだけで、個々人のなかに、確たるポリシーや行動指針が広がっているようには思えない。

私のようなメディアに属する人間、特にITの分野を中心に活動している者は、「キーワード先行主義」で来すぎたように感じている。新聞やウェブメディアには、無数のキーワードがあふれている。先進的なキーワードが含まれていることで、いかにも注目のテーマであるかのように見える記事が、新聞の一面を大きく飾る。

だが、「本当になにが起きていて」「どう変わっていくのか」という本質が、そこではきちんと語られていないように思うのだ。流行りのファッションスタイルのようにキーワードを消費するのは簡単だが、それでは結局、最も重要な目的である「競争力の拡大」「労働環境の健全化」にはつながらない。

――こういうのは、もうやめにしませんか。

本質を理解し、経営やビジネスの変化を促すものとしてテクノロジーを使わなければ、日本企業の競争力は回復しない。時代を牽引するキーワードが重要であることは認めるが、なんとなく「デジタルトランスフォーメーション」、なんとなく「働き方改革」、ではダメだ。

デジタルトランスフォーメーションがどういう意味をもっていて、なにをもたらすのか――「デジタルトランスフォーメーションでなにが起きるのか」を深く理解したうえで、「自分の会社で活用するためにはどうすればいいのか」「自分の会社はどう変わるべきなのか」を自ら模索し、判断する必要がある。

本書は、その第一歩を踏み出すための案内役となるべく、書かれたものである。

Eコマースを軸に、市場はデジタル化している。それにあった働き方とはどういうものなのか。デジタル化された市場では実際になにが起きていて、どのような発想が導入されているのか。本書で紹介した事例が、そうした点を学んでいく一助となれば、と考えている。

そこで、一つの軸として協力を仰いだのが「アドビシステムズ（アドビ）」である。

アドビといえば、多くの人にとっては「フォトショップ（Photoshop）」のような、クリエイター向けツールを提供する会社というイメージが強いだろう。もちろん、それは間違いではない。

だが、彼らは同時に、デジタルトランスフォーメーションや、それに付随するデジタルマーケティングを支えるツールを販売し、導入と運用に関するコンサルテーションを手がける会社でもあるのだ。

一見、なんの関わりもない2つのジャンル。その両方を手がけていることが、アドビという会社の特徴であり、面白いところだ。

それではなぜ、そのような特徴をもつ企業になったのか？

そして、結果として「フォトショップのアドビ」はどう変わったのか？

同社の変革はまさに、デジタルトランスフォーメーションの典型例である。

そしてアドビは、いくつもの日本の大企業に対し、自社でも利用しているデジタルマーケティング・ツールを提供する立場でもある。彼らのもとには重要な事例が多数、集まっている。

アドビという会社、そしてその顧客である「デジタルトランスフォーメーションを経験した日本企業」を例に、デジタルテクノロジーを使って競争力を拡大することがどういう意味をもっているのかを探っていくことにしよう。

そこには、ぼんやりとしか伝わってこなかった「ＤＸ」の2文字にはない、血肉のあるビジネス変革の姿がある。

CONTENTS

もデータを開示／ロハコとＪＡＬの共通点／アマゾンや楽天との「決定的な違い」／配送時も「顧客接点」と考えよ／Ｅコマースで「独自色を出す」とはどういうことか／突然の火災発生――7割減になった出荷力／最大の危機を救った過去のデータ

第2章

デジタルトランスフォーメーションとはなにか

――「なにを」「どう」デジタル化するか

デジタルトランスフォーメーションが巻き起こす苛烈な変化／共通項は「アドビ」／アドビがもつもう一つの顔――自らのツールで自らを変革した企業／印刷と映像の世界が一変――アドビとは何者か／おなじみのＰＤＦファイルもアドビの考案／「サブスクリプション」モデルの選択／サブスクリプションへの移行で不利益を被る人たち／技術革新のスピードにビジネスモデルが合わなくなった／既存ビジネスにひそむ「機会損失」に気づいて／クラウドへの移行で生まれた二大メリット／社内改革を促す契機に――デジタルトランスフォーメーションの最良の例／サブスクリプション移行は「第二の創業」／「デジタルな会社」とはなにか？

第3章

「流通のデジタル化」が加速した経営改革

——「なにが」「どう」変わったのか

第4章

「顧客の望むこと」はすべて、データが教えてくれる

——「なにを」「どう」活用すべきなのか

三井住友カードの苦悩／使用目的と制作意図の乖離／〝玄関〟からつくり直す／サイト構築の判断基準とは？／「見せるべき情報」を「見せるべき人」に向けて／目に見えて現れはじめた「効果」／追いかけすぎると顧客は逃げる／その施策はどんな顧客価値を生み出すか／「通知／告知の波」にさらすリスク／基本情報をおろそかにしないこと／「検証迷子」にならないために／ＦＡＱの役割——他のページとは異なる特徴とは？／たとえ解約時でも「顧客満足度を上げるべし」／メルマガの役割は終わったのか？——データが示すその活用法／「ＳＭＳ」の活用法

第５章

デジタルトランスフォーメーションが生み出す「新しい価値」

——それはアナログなビジネスでも活かされる

「デジタルトランスフォーメーション」の正体／過去のやり方の非効率性が「数字」で表される／ＰＯＳではわからないデータとは？／アナログなビジネスでも「デジタル」トランスフォーメーションは可能／「ＩｏＴ」をどうとらえるか／企業とシステムの変化は

第1章

「ビジネスの方向性」はデータが決める

——顧客は「なにを」「どう」求めているか

DIGITAL TRANSFORMATION

「デジタルな顧客接点」とはなにか？

デジタルを活用したビジネスのあり方としてまず思い浮かぶのが、Ｅコマース（電子商取引）だ。

Ｅコマースというウェブを介した「顧客との接点」の創出と拡大にどう取り組むかは、各企業によって考え方や方法論がそれぞれ異なる。あなたが勤める会社でも、さまざまな試行錯誤が繰り返されてきているだろう。

一方で、その方針や運営体制が効果的・効率的なものであるかどうか、実際に顧客を獲得することができているか否か、という観点からは、悩みを抱えている企業が多いのではないか。

Ｅコマースさえおこなっていれば、「自社はデジタルな顧客接点を有している」と思っている人が案外、多い。だが実際には、販路がウェブ経由であることが、すなわち「デジタルを活用したビジネスである」ことを担保するわけではない。

本章ではまず、「ＪＡＬ」と「アスクル」という、誰もが知る日本の２つの大企業でおこなわれた「Ｅコマース改革」について見ていきたい。彼らの改革こそ、「一見デジタルに見えるが、じつは古いビジネスの慣習が残っていた」部分を、真にデジタルを活用したビジネスへと変えていった過程の好例だからである。

航空会社の最前線を担う「公式ウェブサイト」

日本の主要な航空会社である「ＪＡＬ」こと日本航空にとって、同社の公式ウェブサイトは顧客対応の最前線である。インターネット創成期の１９９５年に公開して以降、24年間にわたって同社の顔でありつづけている。

あらゆる企業にとって「公式ウェブサイト」はいまや、単なる顔であるだけでなく、ビジネスの最前線であり、最大の顧客接点の場でもある。

ＪＡＬの例でいえば、国内線を利用する乗客のうち、およそ65パーセントが公式ウェブサイトを経由して航空券を予約し、発券している。公式ウェブサイトをわかりやすく、使いやすいものにすることは、顧客満足度の向上という観点からも、顧客との接触機会を増加させる点においても、きわめて重要な意味をもつ。

そのため、航空会社のウェブサイトの内容は、想像を絶する頻度で更新されている。文字どおり、片時も止まることはない。

新たな機材の導入から空港ラウンジの案内、法的な条件や各種制度の変更まで、告知すべき内容だけでも多岐におよぶ。飛行機で移動する人は、まず航空会社の情報を頼りにするので、つねに正確かつ最新の情報が掲載されていることが求められている。

各種ツアー商品の情報も大切だ。航空券とホテルを組み合わせたプランやパッケージツアーなど、旅を快適にするセット商品を用意することは、航空会社にとって、ビジネスの枠を広げる意味合いをもっている。

さらには、観光地情報もある。旅情を誘い、ツアー商品などの販売につなげるためだ。もちろん、「ツール」としての役割も多い。チケットの料金はつねに変動している。乗りたい路線の空き状況と料金がすぐにわかり、予約・購入・発券というプロセスをスムーズにこなせなければならない。

航空券からEチケットに移行し、スマートフォンのアプリからチケットを呼び出すこともできるようになった現在、公式ウェブサイトが使いやすいかどうかは、ユーザーがどの航空会社を選択するかにとって、大きな要因の一つとなっている。

JALの公式ウェブサイト

5万ものコンテンツが存在し、時々刻々と更新されつづけている。
このサイトの管理の効率を上げることが、長年にわたる大きな課題となっていた。

※各ページ内に記載されている情報には過去のものも含まれています。

ツールという点では、マイレージなどの情報管理のしやすさも大きな意味をもっている。航空会社にとっては、出張などのために、ひんぱんに飛行機で移動する顧客はきわめて重要な存在だ。マイレージはそうした顧客との大切な接点であり、継続的な関係の証にほかならない。

ＪＡＬの公式ウェブサイトのなかには約５万のコンテンツが存在する。それが日々追加され、更新され、同社のビジネスの最前線を担っている。

管理・運営が顧客ニーズに追いつかない！

大量のコンテンツが日々、更新されるウェブサイトの運営は複雑かつ煩雑だ。ほんの少し前まで、ＪＡＬの公式ウェブサイトの運営と管理も、戦場のような状況だったという。

だが本来、前項で見たような重責を担う仕事が混乱を極め、戦場のような状態にあることは決して望ましいものではない。ＪＡＬ社内では、公式ウェブサイト管理の効率アップが、長年にわたって大きなテーマとなっていた。

日本航空・Ｗｅｂ販売部企画グループ・アシスタントマネジャーの岡本昂之は、最も大きな課題が「顧客のニーズやＪＡＬのビジネススピードに既存のやり方（運営）では追いつかなくなってきたこと」だった、と説明する。

前出のように、ＪＡＬの公式ウェブサイトには掲出すべき情報が大量にあり、そのためのコンテンツ作成もおこなわれている。だが、その制作速度と管理速度が、ニーズにまったく追いつかない。顧客はスマートフォンを24時間３６５日、文字どおりいつでも操作し、ＪＡＬとの接点をもつようになっている。したがって、更新スピードは速ければ速いほど理想的だが、なかなかそうはいかない。

「特に問題だったのは、コンテンツ量が急速に増えてきた結果、すべてに目が行き届かず、情報の質が劣化してきていたことです。ウェブサイト全体がシステマチックに管理されておらず、チェックが抜け落ちてしまったり、古いページがそのまま放置されていたりしました」

同社Ｗｅｂ販売部企画グループの錦織芳樹は、当時の状況をそう振り返る。

公式ウェブサイトは、デザイン面を含め、定期的に大規模な刷新がおこなわれる。使い勝手を向上するために、ボタンのデザインや配置、細かな装飾などが変更されることもある。

だが、中身の更新を急ぐあまり、使い勝手の面で劣る、古いデザインのまま放置されるページもあった。特に、必要な情報ではあるものの内容的に更新されていないページは、古いデザインのまま残りやすく、顧客が戸惑う結果になる。

さらに、新しいコンテンツの追加に注力する結果、ウェブサイト上には、どこからもリンクされていないためにたどり着けないにもかかわらず、残存しているコンテンツ（ページ）が大量に放置されていた。典型例は、すでに期間が終了した過去のキャンペーン情報のページなどだ。

サイトの構造は日々、複雑化しており、対顧客、対ビジネス的に「追加」を優先するしかなかったために、本来は削除すべきコンテンツの処理が手つかずになっていたのである。

その結果、情報が古く、不要なコンテンツのための管理コストが発生してしまう。場合によっては、検索やブログ・ＳＮＳのリンクから古いコンテンツにアクセスし、すでに無効な情報を読んでしまう顧客が現れる可能性もある。

現在の5万というコンテンツ量は、じつは大幅な整理後のものである。２０１８年まで、同社のサイト内には10万以上ものコンテンツが存在していた。

スピードを上げ、サイト上のムダをなくして品質を向上し、さらにはそれらに関わる作業を効率化する――。ＪＡＬ社内では２０１６年から、この問題解決を模索するプロジェクトが立ち上げられた。
「ＪＡＬ　Ｅコマース　３・０」だ。

コンテンツ制作の速度と精度の向上を最優先

「解決すべき課題には、さまざまなファクターがあります。運用体制の強化もありますし、コンテンツ制作者の人員増強を図る、という方法もあるでしょう。しかし、まずはシステマチック、オートマチックにコンテンツを管理できるシステムを導入すべきだ、という結論になりました。目指すべき段階から見れば、最初の一歩に過ぎません。けれども、第一にコンテンツ制作と管理の速度・精度を上げなければ、なにも始まらない。そう考えたんです」

岡本はそう話す。

同社が導入したのは、一般に「コンテンツマネジメントシステム（ＣＭＳ）」とよばれているシステムだ。

ＣＭＳは、ウェブサイトの構造を把握したうえで、どこにどういうコンテンツが入るのかを管理する。ＣＭＳを導入することで、コンテンツをつくる側はウェブサイトの構造について意識する機会が減り、コンテンツの中身をつくることに注力できる。

コンテンツをつくるワークフローでは、実際の制作作業に加え、コンテンツ制作を企画・依頼した部門とサイトを管理するディレクターの承認作業も必要だ。そうしたフロー全体を効率化するには、全員が同じシステムを見て、シンプルに判断するしくみが必要になる。

ＣＭＳの導入が必須と判断された背景には、ＰＣ向けとスマートフォン向けのウェブサイトで、それぞれに最適化が必要になっているという事情もある。両方を効率的に、素早くつくることができる態勢が求められていた。

ＣＭＳ自体は決して新しい概念のシステムではなく、多くのウェブサイトが採用しているし、個人がつくるブログもＣＭＳによって成り立っている。だが、数万単位のコンテンツを擁する巨大な企業の公式ウェブサイトを扱うＣＭＳは、一般的なウェブサイト向けのものとは構造も機能も異なってくる。

決して小さなシステム投資ではない。また、ＪＡＬのような社会の交通インフラを担うウェブサイトは、一時的にであっても「止めるわけにはいかない」ものであり、トラブルの遠因になりかねない新たなシステムの導入には、より慎重な検討が必要になる。

とはいえ、こうした領域での最適化は、日本企業にくらべて海外の大手航空会社のほうが一歩先を進んでいる。ＪＡＬも彼らと競争している以上、現状にとどまっているわけにはいかなかった。

「目覚ましい効果」を生み出した新ＣＭＳ

２０１９年に入り、ＪＡＬに新たなＣＭＳが導入された。そして、その効果は目覚ましいものだった。

コンテンツの総数が10万から５万に減ったことはすでに述べたが、それ以上に、マネジメントの効率化によって大きな余力が生まれたことが重要だった。

従来は、ＰＣ向けサイトとスマートフォン向けサイトのコンテンツ（ページ）作成、さらには多言語展開（日本語以外の言語に向けた対応）で、現場は忙殺されていた。それが、新たなＣＭＳの導入によってＰＣ版とスマホ版を同時かつ効率的に作成できるようになったことで、作業の工数が３割も減少したのだ。

ＪＡＬ全体でのコンテンツ制作能力を１００とすれば、ＣＭＳ導入後には、同じ作業を70

でおこなうことができるようになった。30の余力を活用して新しいコンテンツをつくったり、品質を上げるための「ＡＢテスト」などに注力できる。

その結果、スマホ版・ＰＣ版それぞれのウェブサイトの品質が向上した。

「わかりやすい例として、機内食などに関するページが挙げられます。内容を毎月更新していますが、ＰＣ版・スマホ版をつくるために、それぞれ別に作業していた部分が削減されました。従来はコンテンツも構造も違っていたのですが、今回のＣＭＳ導入にともなう改修によって、作業は一度、コンテンツも一つで済むようになりました」

錦織はそう説明する。

「次なるステップ」の考え方

ただし、現状でＣＭＳの導入が完了したわけではない。導入の検討は２０１８年からおこなわれ、１年を要した。そして、全コンテンツへの適用には2年から3年をかけて、ようやく完全導入が終了する計画だ。

２０１９年夏の段階では「適用率は2割を目指している段階」（岡本）だという。だが、それでもすでに、はっきりとした効果が生まれている。

「あとはひたすらやるだけ、です」

岡本はそう笑う。

新たなＣＭＳの導入はようやくスタートした段階で、完成までは道半ばである。そして、ＪＡＬのウェブサイトを接点としたＥコマースの品質向上・効率化もまた、道半ばという状況だ。

まずニーズが高まっているのが、「多言語対応」コンテンツの充実だ。訪日客の増加にともない、ＪＡＬを利用する海外顧客の人数もどんどん増えている。

彼らに対して魅力的な航空会社であるためには、質が高く素早い、多言語での情報提供が必須になる。もちろん、現在でもおこなわれていることだが、さらなる効率化・高速化を目指している。おもに訪日客向けのコンテンツをＣＭＳに載せ、運用の効率化を図るのが、次の目標だ。

国内向けのコンテンツについても、課題が残っている部分がまだ存在する。ツアーなどの情報だ。

これらの情報は、ホテルや旅行会社など、他企業と連携してコンテンツをつくる必要がある。CMSと連携し、自動化していけば効率は大幅に上がるが、現時点ではまだ、他企業とスムーズに連携するための最適化はできていない。

「そのような部分は、まだ志半ば、というところです。テンプレートを使ってつくっていくとしても、そのテンプレートが実際の運用を考慮したものになっていなければ、現場ではうまくいかず、むしろ作業効率が悪くなります。運用をふまえたテンプレートを構築するところから、進めていくことを予定しています」と錦織はいう。

「世界観」を語れ！——売り上げ増に直結しないシステムをどう導入するか

結果として、JALにおける新しいCMSの導入は成功した。

だが、規模もコストも大規模におよぶこのような投資が、経営陣の理解をすぐに得られるとは限らない。

特に、CMSの新規導入や入れ替えに関して問題になるのは、なによりそれが「直接的に売り上げのアップにつながるものではない」ということだ。すでに述べたように、導入にはリスクもあるし、JALが必要とする規模のシステムとなれば、コストも巨額だ。

日本企業の多くは、ＩＴ関連の投資を「コストセンター」と考えている部分がある。必要ならば投資するが、投資が直接的に売り上げを生むのでないなら、ブレーキを踏みつつ保守的におこなう、という判断が一般的だ。

その例に基づけば、ＪＡＬにおける大規模なＣＭＳの導入は、経営層を説得して導入に踏み切るまでが、最も大きな壁になりやすい案件だ。

実際、経営層の説得にあたっては、それなりの難しさがあったことを岡本も認める。だが、結果的には必要性が認められ、計画は動き出した。岡本はいかにして、経営陣の同意を得たのか？

「ＩＴや最先端技術などの『テクノロジー』を理解している現場の担当者は、そのことを経営層に説明しすぎなのではないか、と思います。でも経営者は、技術そのものに興味があるわけではありません。その技術を活用したあとに立ち現れる『世界観』にこそ関心があり、その世界観に対して投資する価値があるかどうかを経営判断している――私はそう考えています。

実際に、今回の導入を諮《はか》るにあたり、私はＣＭＳの技術や細かな機能については、ほとんど説明しませんでした」（岡本）

コンビニの商品陳列を例に経営陣を説得

岡本が経営層に世界観を伝えるために用いたのは、コンビニエンスストアを例にとったプレゼンテーション資料だった。

コンビニの扱う商品点数はどんどん増えており、求められるスピードも増している。その状況に対応するにはどうすればいいか？

コンビニの店内は商材ごとにレイアウトされ、棚が設置されている。棚に置かれた各商品が、ＪＡＬのウェブサイトでいう「コンテンツ」であり、商品の入れ替えがコンテンツの制作にあたる。ときには棚のレイアウトを変え、陳列する商品の並び方を調節することもある。

従来のＪＡＬは毎回、棚ごとコンテンツを準備していたようなものだった。不要な作業が多く、最適とはいいがたい。

だが、新たにＣＭＳを導入することで、不要な作業を減らすことができる。もちろん、棚ごと変えたりレイアウトを大幅変更したり、といった「リニューアル」は、いつか必ず必要になる。しかし、それは毎回やることではない——。

「当然、『このシステムを入れたら、収益は年間いくら上がるのか』という話は出ました。そこではもちろん、現場で試算した数字を提示しています。しかし、肝腎なのは、まず現在の姿を正確に理解してもらうことなんです。『一見、デジタル化されているように見える裏では、こんなにアナログなことをやっていて、現場はこんなに大変なんです』という話をして、ＣＭＳ導入後の『世界観』を意識してもらう。導入前後のギャップがわかれば、十分な理解が得られます」（岡本）

錦織は、「抱えている課題が見えていないと、適切な提案はできない」と補足する。

「どの企業のＣＭＳをどのように導入していくかは、システム構築を担当するシステムインテグレーション（ＳＩ）事業者の提案に基づいて決めました。なぜこのシステムに決めたのかということは、自分たちが抱えている課題を理解していないと経営陣にも説明できません。課題がわかっているから必要なポイントが見えているのであり、課題解決の方法が腑に落ちているから説明できるんです」（錦織）

顧客体験価値を最大化させる「データ」活用とは？

岡本は現在、ＣＭＳ導入につづく、次のフェーズの検討を進めている。「Ｅコマース３・０の目的は、Ｅコマース上での顧客体験価値をどう最大化させるか、ということに尽きる」と岡本はいう。

顧客体験価値を高めるための施策は、「コンテンツ」「データ」「デリバリー」の３つの軸に分けられる。これは、「なにを」「誰に」「どうやって」という軸と言い換えてもいい。なにをつくるのか、という「コンテンツ」についての改善は、ＣＭＳの導入で道筋がついた。次は、「データ」と「デリバリー」だ。

デリバリーについては、アプリやＳＮＳなど、新たな顧客接点が次々に誕生しており、現在は変革期にある。手段はすでに存在するし、変化したら臨機応変に対応していけばいい。重要なのは「データ」だ。岡本も、「次のステップはデータ」と明言する。

一方、データを活用して顧客体験価値を向上していく部分については、「ＪＡＬがまだ弱いところ」であるとも、率直に認める。

顧客が飛行機に乗って旅行をすれば、それに基づいて、さまざまな行動データが発生する。これまでにいくらマイルを貯めたのか、どこに旅行したのか、どの時期に何回くらいＪＡＬに乗っているのか……。そうしたデータは、同社の基幹システムに蓄積されている。

一方、重要な顧客接点である公式ウェブサイトからも、さまざまな行動データが得られる。どんな路線を検索したのか、どんな旅行先を見たのか。マイレージを何回確認したか、旅先の情報についてのコラムを読んだか否か……。

そのような、公式ウェブサイトとの接触過程で得られるアクセスログからは、その顧客がどのような旅を求めていて、いつ、どのようなコンタクトを必要としているのか、という情報の手がかりが得られる。これらをうまく組み合わせて、顧客との接点を最大化できれば、ビジネスのやり方は大きく変わり、チャンスも広がる。

「しかし、現時点ではまだ、そのためのインターフェース連携ができていません。現状は各システムがバラバラで、どう組み合わせて見せるべきか、を検討している段階です」

そう語る岡本だが、「やるべきこと」は見えてきている。実現に向けて動き始めた状態でもある、という。

「顧客体験をパーソナライズする方法は、いくつもあると思います。重要なのは、なにをキモに据えるのか、という点ですが、シンプルに『顧客になにが喜ばれるのか』という観点で判断すればいいのではないか、と考えているところです。

コンテンツは多数あり、それらを出すタイミングもさまざまに考えられます。一方で、画面の大きさや組み込める情報の量には限りがある。ならば、『顧客が喜ぶものをどう入れるか』ということを重視すべきだ、というのが今の考えです」（岡本）

コンバージョンレートを重視しない理由

ウェブサイトの表示をパーソナライズし、顧客一人ひとりに合った対応をする、という考え方は珍しいものではない。

しかし、その種のシステムを導入した結果どうなるかという「費用対効果」を判断するのは、決して簡単なことではない。なぜなら、単純に売り上げが上がることが直接的な価値ではないからだ。

短期的に売り上げが向上する施策であっても、顧客に悪印象を与えてしまい、長期的な関係構築につながらなければ、それをプラスと評価することはきわめて難しい。

「結局、個別検証でやっていくしかない、と思っています。現在のEコマースは、単純なコンバージョンレートが云々、という世界ではなくなってきていますから」

岡本はそう話す。

「コンバージョンレート」とは、Eコマース用のウェブサイトにおいて、サイト来訪者のうち、実際になにかを購入するなどして、「そのサービスの顧客になった」人の割合を示す指標だ。サイトを訪れた人が、単に閲覧するだけでなく、実際にお金を使ってくれれば、サイトからの売り上げはそれだけ高くなる。

しかし、岡本はそのコンバージョンレートの高さだけをあえて指標にはしない、と言い切るのだ。その真意はどこにあるのか?

コンバージョンレートはあくまで、「そのサイトを訪れた人」をもとにした指標である。サイトに来た人のなかには、もともと顧客になるつもりはなく、情報が見たかっただけという人も含まれているはずだ。

また、すでに顧客であっても、「いまは情報を確認しているだけ」であるとか、「他社との比較の最中」という人もいるだろう。

航空会社のような成熟したビジネスにおいては、顧客といかに長期的な関係を築くか、ということがきわめて重要なポイントだ。マイレージサービスはそのための手段であり、Ｅコマースサイトは顧客との接点そのものである。

「快適な旅行体験を提供してくれるから、次回もＪＡＬにしよう」「快適な体験だったから、他人に勧めるときにはＪＡＬにしよう」という行動こそが、売り上げアップにつながる。

そして、これらの行動は、単純なウェブ上のコンバージョンレートだけでは計測するのが困難だ。

「顧客にいかに喜んでいただけるものをつくるか――すべては、この点にかかっている」と岡本は強調する。逆にいえば、「顧客が喜んでいる」かどうかを知るためにこそ、データの活用が必要になっている。

それは、従来のアクセスログを解析するだけでも、売り上げの推移を見るだけでも把握できない。

「一歩進んだ体制」を築いていくことが、なにより重要なのだ。

売り上げ目標の「数十分の一」からの低スタート

誰もが事業計画書に書いたとおりに事業をスタートできるなら、こんなに平和なことはない。だが、幸福な例は少数だ。

アスクル・ＢｔｏＣカンパニープラットフォーム本部ビジネスマネジメント＆アナリティクス統括部長の成松岳志は２０１２年10月、「思っていたのとは違う」始まり方で事業をスタートする立場に立たされた。成松が所属するチームが立ち上げた事業が、想定をはるかに下回るパフォーマンスしか示すことができなかったのだ。

彼らが立ち上げたのは、一般消費者市場向けのショッピングサービス「ロハコ（ＬＯＨＡＣＯ）」だ。２０１９年現在のロハコは、年商５１３億円という大きなビジネスに成長しており、運営元であるアスクルにとって重要な存在となっている。

アスクルは、企業向けのあらゆる商品の通信販売を主軸とする企業だ。日本各地に物流センターを配置し、注文の当日・翌日に届くことで「明日来る」から転じて社名がつけられたことも、よく知られている。

「会社の備品はアスクルで注文している」という読者も、珍しくないだろう。

同社は決して、ウェブでのビジネスに出遅れた企業ではない。ロハコ立ち上げ前の2012年の段階で、企業向け通販売上高のうちの6割が、Eコマースから生まれていた。

ただし、同社が参入できない領域も存在した。それが、「個人市場」だ。

当時のアスクルは、売り上げのほとんどを企業向け市場から得ていた。個人市場への参入による事業規模拡大という、きわめて大きな役割を担っていたのが、同社がヤフーと協力してスタートしたロハコだったのである。

だが、ロハコのスタートは惨憺《さんたん》たるものだった。

「目標の数十分の一しか、売り上げがなかった」

成松は、当時をそう振り返る。

企業向け通販で国内トップの位置にいたアスクルと、日本の個人向けウェブ市場で大きなブランド力をもつヤフーとが連携したサービスがいきなりつまずいたのには、もちろん理由がある。

個別商品をクリックしたのはわずか4パーセント

なぜ、うまくいかなかったのか？

成松は「簡単にいえば、サイトに来た人の４パーセントしかコンテンツを見ていなかったから」と語る。

ロハコは、ヤフーという日本最大のポータルサイトと連携して、事業を開始している。アスクルの知名度も高い。開設当初から当然、多数のアクセスがあることは想定されていた。ヤフーという強力なプラットフォームとノウハウをもつ企業が協力していたこともあり、通信負荷に対する対策も万全だった。

ところが、トップページまでは人が来るものの、その先の個別商品をクリックしてくれなかったのである。

個別商品のページに行き着かなければ、それらの商品が売れるはずもない。売り上げ目標が想定を大きく下回ったのは、まず第一にそれが原因だった。

「サイト来訪者の４パーセントしか個別のコンテンツを見ていないので、売り場がどうといったこと以前の問題です。まずは走りながら、根本的にトップページから見直すことになりました」と成松はいう。

どうやら「トップページの構成に問題があるようだ」ということが見えてはきたものの、問題に着手できるようになったにすぎない。その先には、品揃えや商品の見せ方など、対処すべき改善点が大量に隠れていた。

それらを、突貫工事によって1年で立て直す――。それが、ロハコ運営チームの最初の課題になった。

その過程で、ロハコを理想的なサービスにするためにやらなければいけなかったことが見えてくる。トップページだけを見て顧客が帰ってしまう現象は、その一端が見えていたにすぎず、問題はより深層に隠れていたことが判明したのである。

企業向けEコマースと個人向けEコマースの違い

「深層に隠れていた問題」とは、果たしてなにか?

そして、なぜアスクルは、従来の企業向けEコマースでの成功を、ロハコにすぐ活かすことができなかったのか？

理由は、アスクルとしてのＥコマースの知見と、一般消費者向けビジネスであるロハコに求められているものの違いにあった。成松は、次のように説明する。

「個人向けのＥコマースは、企業向けのＥコマースに対して、企業向けのＥコマースは大きく異なるものです。企業向けＥコマースは、企業の総務部門に属する人が会社に必要な備品の情報を社内で収集し、その時々で必要なものをまとめて発注すると当日・翌日には届く、というかたちです。発注時には、ウェブのカタログと同時に、紙のカタログが大きな役割を果たします。Ｅコマースでありながら、『商品を見るためのサイト』と『発注するためのサイト』は役割が異なるのです」

企業向けと個人向けを同じサイクルで回しても、改善がうまく進まないのではないか。その問題意識は、ロハコがスタートする以前から抱いていたものではあったという。企業向けＥコマースでは当時、扱う商品の部門ごとに、マーケティング手法もその解決策も違っていた。

企業向けＥコマースで、各部門が最適なビジネスをしているのなら、それでもいい。だが、ロハコは一般消費者に対して、「一つの窓口」でまとめて対応するビジネスだ。

「仕入れ部門でも販売部門でも、そして経営層でも、見ている数字もその粒度もすべて違う。全員が同じ数字を、しかもリアルタイムで見られるようにする必要があります。ロハコ立ち上げ前はまだ即時性がなく、翌朝になって初めて前日の売り上げが上がってくるというような状態でした。

そういうやり方では、『どういうわけか、夜中に大きな売り上げが上がってきます』というような状況には対応できないんです。『なぜ売れたか』『なぜこの時間なのか』がわからないと、対処することも売り上げの最大化を図ることもできません。したがって、リアルタイムでかつ粒度も項目もそろったデータを、ロハコに携わる全員が確認できるシステムと体制が必要でした」(成松)

そこで、ロハコの立ち上げと同タイミングで、同社は、自社のウェブサイトがどのようなかたちで閲覧され、使われているのかを統括的に分析・表示するシステムを導入した。

「扱っていないのに検索されている商品」に注目せよ

アスクルでは当時、毎日のように「進軍会議」とよばれるミーティングがおこなわれていた。ロハコについて、各部門の担当者が額を突き合わせて課題を検討するためだ。

「進軍会議」では、ウェブサイトの分析ツールの情報をもとに、サイトの問題点を洗い出す作業がおこなわれた。

たとえば、当時のサイトでは仕様として、検索された商品が見つからないと、単に「ありません」と表示するようになっていた。

「ところが、『ありません』と表示される場合には、２通りあったんです。①検索エンジンが商品を見つけ出す機能が弱いために『ありません』と表示されてしまう場合、そして、②本当にその商品の取り扱いがない場合、です。

『本当はある』のに『ない』と出していたのであれば、商品に関するデータを改善して、検索されたときにきちんと出てくるようにしないといけません。

そして、本当に取り扱いがない場合も、放置するわけにはいきません。多くの顧客がロハコに来てその商品を検索しているのだとすれば、『きっとこの商品はあるだろう』という期待があってのことです。その場合は、品揃えを拡充する必要があります。

そのため、検索の『ゼロヒット』に注目してデータを分析していきました」（成松）

あくまで一つの例にすぎないが、こうしたデータの洗い出しを地道につづけていった結果、ツールの活用とあわせてロハコ事業の売り上げも伸長していった。成松がつづける。

「ツールを導入・分析してわかったポイントは、顧客がストアに来て商品を探すときのニーズと、我々が売りたいもののバランスがズレていたことです。要するに、どちらかといえばプロダクトアウト的な考え方で『これを買ってください』というサイトになっていた。対照的に、顧客が望んでいたのは『毎日やってきて買い物ができる』ストアだったんです」

具体的にはどういうことか？

「たとえば、『家電で暮らしを軽くしたい』という狙いがあったとします。そこで我々は、ルンバのような自動掃除機を提案していた。でも、毎日ルンバを買う人がいるかといえば、決してそうではないですよね」（成松）

いわれてみれば、あたりまえのことだ。だが、相手の顔を直接、見ることのできないＥコマースでは、顧客がなにを望んでいるのかを、データから読み解いていく必要がある。

65もの項目を詳細に解析

サイト立ち上げ期ゆえの問題もあった。

「商品の取り扱い点数が少なかったために、その時点で自社で扱える商品を中心に押し出していたところがありました。

たとえば、『ボールペン50本セット』のような商品が表示されていたのです。企業向けであれば、ボールペン1本だけを消耗品として買う、ということはありません。50本、100本と、まとめて注文することがほとんどです。だからこそ、そういうパックを用意しているのですが、個人であれば、いくら安くても50本単位で買う人はいない。『何年使えばなくなるんだ』ということになってしまいます。

『商品をどのくらいの数量で顧客に提示すればいいのか』というところですら、ズレが生じていたんです」（成松）

そのようなディテールが、あらゆる部分から、アクセスログの解析に基づく情報としてわかるようになっていって初めて、サイトをどう変えていくべきかが具体的に見えてきた。

解析に使っているのは、シンプルに「どのページが見られたか」「買われたか」というレベルの話ではない。「検索したあとにきちんと商品にたどり着いているのか」「トップページのどこがクリックされているのか、あるいはされていないのか」、さらには、いわゆる「カート」に入れた商品のうち、「どれとどれが一緒に買われているのか」「カートに入れたにもかかわらず、買われなかった商品はなんなのか」など、多岐にわたる。

じつに65項目にわたる条件が、「こうした情報が必要なのではないか」という想定のもとに用意され、日々の改善に使われていった。バナーを目立つところから外してカテゴリー表示を大きくするなど、さまざまな変更が加えられていった。

顧客がロハコに求めているもの

結果として見えてきたのは、顧客がロハコに求めている「店」としての姿だった。

「正直にいって、やってみて初めてわかったことがたくさんあります」と成松はいう。

なかでも大きいのは、アマゾンや楽天のような大手Eコマースサイトとロハコとでは、顧客が求めている買い物のサイクルやスタイルが大幅に異なっていた、ということだ。

「注文のデータを見てみると、単品で商品を購入する顧客はほとんどいませんでした。アマゾンや楽天の場合には、検索して特定のなにか一つを買う場合が多いようです。しかし、ロハコの場合には、近所のドラッグストアやスーパーへ行ったときと同じような買い物行動をしていた。『この食品を一袋買うからスーパーに行く』という買い方は、あまりしませんよ

ね。それと同じことが、ロハコでは起きていたのです」（成松）

すなわち、顧客がロハコに求めていたのは「たまに欲しいものを探しにいく店」ではなく、「いつも通うあの店」だったのだ。

ロハコでは現在でも、平均４商品が同時に購入されており、ロハコをひんぱんに使う、ロイヤルティの高い顧客の場合では８～９点購入する例も多いという。こうした「合わせ買い」行動が、ロハコを使う人々の特徴だったのだ。

だとするならば、どのようなストア構造が適しているのか？

ピンポイントの検索で１点ずつ買っていく店舗であれば、正確な検索機能がなによりも重要になるし、商品の見せ方もそこを中心に組み立てるのが理想的だ。

だが、スーパーと同じ買い方をする人が多いのであれば、「いかに多くの商品を、同時に買ってもらうか」ということが大切になる。商品の見せ方も、おのずと変わってくる。

「たとえば、お茶を買うとします。顧客はまずＡというお茶なのかＢというお茶なのか、という選び方をするわけですが、このあとがより重要になります。お茶をカートに入れるのであれば、『一緒にコーラはいかがですか？』、あるいは『お菓子は必要ではないですか？』というふうに、隣接するカテゴリーにあたる商品がすぐに提示されることも重要な要素になり

③最新のトップページ。ユーザーに応じて情報が提示される領域がさらに拡大している。

※各ページ内に記載されている情報には過去のものも含まれています。

ロハコの場合

①サービススタート時のトップページ。来訪者のわずか4%しか、個々のコンテンツを見てくれていなかった……。

②修正後のトップページ。商品はタイル構成で提示されるようになり、タイルの中身はユーザーごとに異なるものが示されるように変更された。

ます」（成松）

実店舗で買い物をする場合には一般的に、「一緒になにを買うか」をよく考える。その際、多く想起されるのは、「同じ場所にある」ものか「同じ用途」のものか、のいずれかだ。だから、お茶を買いに来た顧客の場合には、同じ冷蔵庫のなかにありそうなものを提示することで、併売の確率が高くなる。トイレ掃除の用具を買いに来たのであれば、同じ掃除用品の浴室用洗剤などが購入されやすい。

そのように、「ああ、これも買っておかなきゃ」という意識を想起させるように商品を提示していくことが、併売量を増やし、売り上げを高めていくうえで重要なことなのである。

これは、リアルの店舗であれば「店づくり」や「陳列」に類する発想だが、Ｅコマースの場合には、ページの構成を工夫して同時に出すだけでなく、カートに入れたあとに「提案する」ようなしくみも必要になってくる。

「我々にとってサイトでの滞在時間を伸ばしていくことは、買い忘れを防止することに等しい」

成松はそう分析する。

「ロイヤルカスタマー」の実像を調べよ

こうした顧客のあり方と、それを見据えた導線づくりが重要であり、積極的な分析と対応が必要である……。そういう判断にいたったのは、ロハコがスタートしてしばらく経ってからのことである。トップページの構成の悪さから顧客を摑めなかった時期を過ぎ、サービス開始から1年が経過して、改善が見えてきたころだった。

ロハコはこの時期に、利用率の高い「ロイヤルカスタマー」がどんな人々なのかを知るために、大規模な調査をおこなっている。そして２０１３年10月から、「ロハコを使っている人々はこういう人々である」という社内的な指標を作成していった。

「本当は、１億人の顧客がいたら、１億パターンの接客があるべきだと思っています」と成松はいう。規模が大きい実店舗では難しいことだが、デジタル技術はそれを可能にするからだ。

とはいうものの、すぐにそれが実現できる技術があるわけではないし、効率の問題もある。そのため、モデルとなるグループをつくって対応することになった。

そのためには、どうグループを分けるかというルールづくりも必要になる。ただし、そこで細かく分けすぎることには問題もあるという。なぜなら、あまり細分化しすぎると、それぞれに対応するためのスピードが遅れてしまうからだ。

そこで、面白いポイントがある。

顧客を分析するとなると、「それが男性か女性か」「いくつくらいの年齢なのか」という属性に目が行きがちだ。だが、ロハコでは顧客を分類する際に、これらの点を必要以上に重視することをやめたのだ。

「たとえば、それが男性であろうが女性であろうが、ロハコから見れば『水を買った』という行為自体に違いはありません。我々に対するニーズが、同じなのか違うのか。重要なのは『属性』ではなく、『ニーズ』なんです」（成松）

また、仮に分類できる項目があるとしても、その分類が「ロハコでは解決不可能な内容」だったとすれば、あえてそこにこだわって分ける必要もない。ロハコにおける顧客の行動の結果が可視化できることも、重要な要素なのだ。

そうやってセグメントを定義していくことで、「ロハコを使う人」のモデルを可視化し、データからそれぞれのモデルに最適化していこうと試みたのだ。

4タイプの「ロハコさん」

ロハコを使う顧客が増え、リピーターが増加してくると、各モデルに最適な商品の出し方やページ構成、なすべき施策がおのずと見えてくるようになってきた。これは「マーケティングオートメーション」とよばれるもので、Ｅコマースを軸としたビジネスで注目されており、活用例も増えている手法だ。ロハコの改善を進めていた２０１３年当時は、まだこの考え方に基づくツールは普及しておらず、かなり早い取り組みといえる。

一度でも利用した顧客に対しては、その購入履歴に合わせてトップページも変わり、個々のニーズにあったロハコになっていく。トップページはタイルを組み合わせたデザインになり、人によってどんなタイルが出てくるのかが異なる。どんなカテゴリーの商品が隣に並ぶのかは、それまでのアクセス履歴や購入履歴などによって変わる。

こうすると、全員に同じものを見せつづける場合と比較して、購買に際し、はっきりとした違いが現れてくるという。

このようなしくみを３ヵ月間、運用したのち、ロハコのスタッフ内では当時、一定回数以上ロハコで購入した優良顧客を「ロハコさん」とよぶようになった。「ロハコさん」は多数いたが、もちろん、年齢や購入状況が異なるので、おもに4つに分類して考えるようになった。

その「4タイプのロハコさん」の誰に、どういうふうに対応していくのかを、関係する全員で検討していった。その過程では、さらなる情報が必要になる。土日／平日の利用状況はどうか、ヘルシー志向なのかどうか、同時に購入しているものはなんなのか、同時に閲覧しているウェブはどのようなものか……。

たとえば「ママロハコさん」は、無印良品やIKEAなどのブランドと親和性が高く、他の通販としてはディノスも使っている……といった分析が得られている。そうやって具体化した人物像に、どういう商品を提供したらいいのか、という発想でサービスを磨いていったのである。

先ほど説明した複数の関連する商品ジャンルを一度に買う「合わせ買い」も、こうした「ロハコさん」分析のなかで顕著に見られた傾向だった。たとえば、「宅飲み」「ホームパーティー」を好む人に、そのシーンに合う「合わせ買い」アイテムをそろえて提示すると売れやすくなる、といったノウハウを蓄積していったのである。

売り上げ増につながる好循環はどう生まれたか

結果的に、ロハコのトップページ構造は、内部的にはさらに分割されて活用されることになった。あらゆる顧客に見せたい商品や情報が表示される「固定」の領域と、「ロハコさん」に分類されるようなモデル推定に基づく提案の領域、そしてより細かい、個人へのレコメンドの領域に分かれ、その組み合わせでページが成り立つようになったのだ。

「ただし、1対1の情報の出し方は、運用を間違えると大変なことになる」と成松はいう。単純なレコメンデーションを信じて情報を出すと、複数の領域に同じ商品が並んでしまうこともあるからだ。運用的には自動化を進めたいところだが、単純にそうしたのでは、目的からズレる結果を生んでしまう。成松は、目指すべきことと運用の効率のバランスが重要だった、と証言する。

現在は構成がさらに変わり、個人に合わせた情報が出る領域がどんどん増えている。その理由は、利用者数の増加に加え、利用が長期にわたる人が増えたことで、より多彩なデータが取れ、活用しやすくなってきたからだ。

信頼できるデータの量が増加することは、データ解析に基づく提案の精度を上げる効果を生み出す。個々人に合わせた機械的なレコメンデーションの質が向上するのだ。その結果、さらなる売り上げ増につながる好循環を実現する。

２０１３年、４つのモデルでスタートしたロハコさんは、その3年後に定義を大きく変えている。

その理由は、あらゆるものをロハコで買う「なんでもロハコさん」が登場しはじめたこと、さらには、同じモデルに見えても「なぜロハコが好きなのか」という理由が異なる場合が見えてきたことだ。

「たとえば、セールやポイントなどの『お得さ』が好きな人もいれば、いつも同じようにすぐ欲しいものが注文できて面倒がない『気楽さ』が好きな人もいます。こんどは、その好きな理由ごとに最適化していこう、ということになりました」（成松）

取引先にもデータを開示

ここまでに見てきたように、ロハコはつねに変化している。

核になっているのは「情報」であり、その「分析手法」だ。指標のうち、継続して使えるものは「3割から4割しかない」と成松はいう。

それでは、蓄積されたデータは、誰が見ているのだろうか？

答えは、「全員」だ。

ページに載せるコンテンツをつくる人も、サイトの運用をする人も、商品の仕入れを担当する人も、共通の指針として、それぞれの立場から同じデータを見ながら検討をしている。なにかを見出そうとする意図をもってデータを分析することで、各担当者それぞれの気づきが得られる。それらの気づきが、システムの最適化につながる貴重な情報となるのだ。

そして、ロハコの場合には、「見ている人」の範囲がさらに拡張されている。「商品をつくるメーカーの担当者にもデータを開示して、あらゆる場面で共通言語として使っている」（成松）のだ。

そのようなデータ基盤の運用を担当する金澤正允は、アスクルに入社して5年目の若手社員だ。「入社当初は、ここまでデータを見ることが一般化してはいなかった」と振り返る。

「当時から、データを使う意識をもっている人ももちろんいましたが、社内に文化として定着はしていませんでした。でも、いまは新入社員が入社したら、まずデータ分析の研修をお

こないます。基礎的な能力として、データアナリティクス・ツールを使いこなせる人材を育成しています」（金澤）

成松も「特にここ2年は、数字を見て何を良しとするのか、指標の分析とＫＰＩ（重要な業績評価指標）をどうすると良くなって、どうすると悪くなるのか、という点の理解に力を注いでいる」と話す。

こうした方針は、過去の反省から来るものだ。

ロハコ立ち上げ当初の失敗もその一つだ。それぞれの人員が別々の指標と発想に基づいて意見をいった結果、顧客のニーズを正しく摑むことができなかった経験をふまえている。

売り上げを伸ばしたい人とオペレーションを改善したい人、顧客をもっと増やしたい人……。同じ会社のなかでも、それぞれの立場によって目指す目標は大きく異なる。

そして、単純にそれらをすべて足し合わせたのでは、正しくない結果がもたらされる。合成の誤謬《ごびゅう》ともいうべきこうした例は、枚挙にいとまがない。だからこそ、全員が同じ指針・指標でデータ分析をして語ることが必要だ……というのが、彼らの発想だ。

ロハコとＪＡＬの共通点

じつはロハコでは、２０１８年から「コンバージョンレート」を指標として使わなくなっている。

先にＪＡＬの例でも解説したように、コンバージョンレートが高いということは、サイト来訪者が商品の購入にいたる比率が高い、ということを意味している。一般的には、Ｅコマースにおける最も重要な指標といわれている。

だが、ロハコはあえて、これを捨てた。成松はこう説明する。

「理由は、コンバージョンレートが我々のサイトの顧客満足度につながっていないからです。コンバージョンレートを指標として採用しないという声明を、社内で正式に出しました」

どういうことか?

理由は、ロハコの「リピーター重視」「合わせ買い重視」という方針にある。

一般的にショッピングサイトでは、まず商品をクリックして「カート」に入れる。そして、カートに入ったものを「決済」して購入にいたる。これをシンプルにとらえれば、サイトにやって来た人のうち、商品を買う人の割合であるコンバージョンレートがきわめて重要である……、ように見える。

ところが、実際に顧客の行動を分析してみると、面白いことが見えてきた。

「たとえば、カートには入れておくけど『いまは買わない』という使い方をしている人が多いことがわかったんです。というのは、自分なりにサイクルを決めていて、毎週日曜なら日曜に、その週に欲しいと思ってカートに入れたものをまとめて買う、という買い方をしている人が多くいたんです」（成松）

そのような行動習慣が確立したのはなぜなのか？

アマゾンや楽天との「決定的な違い」

理由は配送だ。

通販でこまめにものを買うと、配送もひんぱんになる。日々なにかを買ったとして、毎日それらを受け取ることができるだろうか？

「買っておかないと忘れそう」なもの、「買いたい」と思うものは、毎日見つかるとしても、実際に毎日届けてもらうと大変なことになる。

これは、リアルの店舗と大きく異なる点だ。

毎日コンビニに寄ってちょっとずつ買っても、特に大きな負担にはならない。ところが通販では、送料の面でも受け取りの面でも負担が増える。

だから、思いついたときにカートに入れておいて、あとからまとめて決済し、一度に自宅に届けてもらう……、こんな利用法が生まれるのである。

そのような使い方をしてくれる人は、ロハコにとってありがたい顧客だ。一度の購入量が増えて決済額も上がり、しかも配送負担は減る。両者にとって、まさに「ウィン・ウィン」な関係を築くことができるからだ。

しかし、コンバージョンレートを最重要指標にしてしまうと、こうした顧客は「悪い客」に分類されてしまう。毎日来訪してカートに商品を入れていても、購入するのは週に一度なのだから、単純にいってコンバージョンレートを7分の1に押し下げてしまうからだ。

ピンポイントの検索を軸に「そのとき欲しいものだけを買っていく」タイプの顧客が多いアマゾンや楽天では、コンバージョンレートは売り上げ増に直結する。しかし、日常使うスーパーやコンビニに近い特性をもつロハコでは、コンバージョンレートはさほど重要な指標ではなく、最も太い顧客である、定期でまとめ買いするような「なんでもロハコさん」を低く見積もる結果になりかねないのだ。

配送時も「顧客接点」と考えよ

「Eコマースサイトにとって、顧客との接点はストアサイトだけではないんです」と成松はいう。

見逃してしまいがちだが、「荷物が届く」タイミングもまた、顧客との重要な接点だ。その観点でいえば、いかに快適に受け取ってもらえるか、受け取りやすく買ってもらえるか、ということも大切な指標になる。

「昨今は宅配業者の需給の問題もあって、単に配送できればいいだけではなくなっています。いいことばかりいうのではなく、ちゃんと対話することが重要です。

たとえば飲料は、重いことから実際に配送するドライバーにとっては大変な荷物なのですが、顧客からのニーズは多い。そこで、いろいろな人々と話し合ったうえでのバランスが重要になります」と成松はいう。

実際に同社では、飲料の配送に際して、重量に応じて配送手数料が変わるしくみを導入している。

同様に、配送の箱やその内部に入れるチラシ、納品書なども顧客との接点となる。それらをどう変えるとどういう効果が生まれるか、ということも、現在は計測可能になっている。顧客に応じて出し分けることで、結果として売り上げがどう変わったかを計測することができるからだ。

ロハコでは、箱・チラシ・納品書もすべて、顧客に応じてカスタマイズしている。そのためには当然、データ解析に基づいて自動化されたシステムが必要になる。そうすることで売り上げ増という結果が生まれる、という指標があれば、そのための投資判断もできる。

Eコマースで「独自色を出す」とはどういうことか

さらに、独自商品として「ラベルレス」「ケースレス」といった商品を用意することも可能だ。ラベルやケースをなくすことでコストを下げることができ、低価格化することで顧客のメリットにつながる。同時に、廃棄物を減らすことで環境に配慮したサービスを提供することになる。

顧客側の意識の変化に合わせた商品を用意することは、すなわち、売り場としての特徴を打ち出すこと、店としての「色」を打ち出すことであり、さらなる固定客獲得につながっていく。

データを最大限に活用することは、店の色を決めていくための手法でもあるのだ。

「どんな店舗にも、『その店ならではの色が命』というところがあります。でも、Eコマースはリアル店舗に比べて色が薄い。明確に差別化していかないと、特徴を打ち出すことはできません。

店の色を出すということは、『他の店ではなく、この店がいい』と考えてくれる顧客が、なぜそう思うのかを知ることでもあります。そのための道具が、データ解析に基づくデジタルマーケティングです。

そして、その結果は1パターンであることはない。千差万別です。すべての人に対して求めているものを提供するには、コスト的にも機能的にもデジタル技術が重要です。

顧客を知ること、そして、顧客にサービスをデリバーすることの両面で、デジタルツール

はきわめて重要なんです」（成松）

突然の火災発生――7割減になった出荷力

Ｅコマースにおいて、どのようなデータを取り、どう解析し、ときにはどう捨てるのか――。

その方法論はある程度、運用をつづけないと見えてこない。一定の時間をかけて蓄積した顧客データが初めて、「自分たちのストアビジネスはどちらに進むべきか」を見せてくれるのだ。

Ｅコマースには、一定の規模を超えないと世の中に認知されづらいという特徴がある。認知されて利用されなければデータも活かせない。だから、立ち上げ当初は「売り上げアップ」がなによりも正義だ。

だが、売り上げアップだけを目指せばいいという〝シンプルな時代〟は長く続かない。単純な売り上げ増、単純な成長だけを考えていては、先が見込めない時期が必ず訪れる。

そして、ロハコにとっての「その日」は、あまりにも突然やって来た。

２０１７年2月16日――。

埼玉県三芳《みよし》町にある物流倉庫で、火災が発生したのである。完全な鎮火までに12日間もかかる大規模なものだった。

物流拠点を新設し、ロハコが火災以前の品揃えと配送能力を取り戻したのは、同年10月のこと。火事からの復旧に、じつに８ヵ月もの時間を要したのである。アスクルは当時、火災関連で１１０億円もの特別損失を計上している。

「三芳物流センターはロハコの東日本地域への出荷を担っていて、それはロハコの出荷のうち、70パーセントを占めていました。１００あった品物が30しか出せないという日が、突然やって来たんです。

当時、事業は前年比１５０パーセントの勢いで伸びていて、顧客はどんどんやって来る状況にありました。すべての顧客にフルスペックのサービスを提供できない状況が、ある日突然、訪れた。

完全に元どおりの出荷能力を回復するまでの８ヵ月間は、どういう顧客に対して満足度を維持することを考えないといけないか、ということや、どういう商品があることが満足度につながるのかといったことを、真剣に考える必要がありました。

どうやっても、１００パーセントは絶対に満たせない。10万商品あったものを5万商品にしなければいけない、という状況に置かれても、顧客の期待を満たすにはどうしたらいいのか、ということを考えねばなりませんでした」（成松）

最大の危機を救った過去のデータ

具体的にはどうしたのか？

減ってしまった商品の取り扱い点数や、制限の残る配送時間でも顧客に支持してもらえるよう、必然的に「尖《とが》った」店にするしかない。成松がつづける。

「尖った店にするためには、我々を必要としてくれる顧客になにが求められているのか、を見極めることが重要で、それに合わせて扱う商品の優先順位を決めていかなければなりません。それは決して、『売り上げ順位』ではないんです」

「売り上げの順位」ではなく、「ニーズの順位」をどうやって導き出すか？

ロハコのヘビーユーザーはなにを重要だと思うのか？

ロハコのなかでなにをしたいと思っているのか？

この点に向き合わなければ、危機的な状況下における限られたリソースで顧客を逃がさずに切り抜ける方法はなかった。

「2月から10月のあいだは、ずっとそういうことばかり考えていた」と成松は述懐する。

そこで武器となったのが、ロハコを使ってくれていた顧客が残したデータである。その分析の結果、ロハコは最大の危機を脱することに成功する。

だが、成松はこうもいう。

「火災がなかったとしても、事業をつづけていればいずれ、同じようなことを考えなければいけない時期がやって来たのだろう、といまは思います。なぜなら、顧客の数は永遠に増えつづけるわけではないのですから」

すなわち、データから「求められる店の姿を考える」ことは、成長基調に乗ったEコマース事業にとって必然なのだ。

第2章

デジタルトランスフォーメーションとはなにか

――「なにを」「どう」デジタル化するか

DIGITAL
TRANSFORMATION

デジタルトランスフォーメーションが巻き起こす苛烈な変化

日本の大手企業は、ウェブを軸にしたビジネスの変革にどう取り組んでいるのか――。第1章では、航空業界で長く中心的位置を占めているJALと、個人向けEコマースの市場に打って出たアスクルの2社を例にとって概観した。

両社の例からも明らかなように、現代のビジネスにおいて、Eコマースが占める割合は増大する一方である。また、一見したところはオフラインの市場ととらえられがちなビジネスにおいても、物流や顧客との接点等においては、デジタルが占める役割がどんどん大きくなっている。

そのような状況下では、10年前、20年前と同じビジネスの進め方はもはや通じない。過去にはうまくいった手法、あるいは働く側が慣れた方法であっても、現在のテクノロジーやワークフローを軸にそのあり方を見直し、次の10年にも耐えうるかたちへと変化させていくことが求められている。

簡単にいえば、これこそが「デジタルトランスフォーメーション」とよばれるものの本質であり、その中核をなすのが「デジタルマーケティング」だ。

本章ではさらに、ある1社の例に注目しながら、デジタルトランスフォーメーションが巻き起こす変化の苛烈さ、そしてその本質について、迫ってみることにしよう。

共通項は「アドビ」

第1章で取り上げたＪＡＬやアスクルは、デジタルトランスフォーメーションに直面した企業そのものである。しかし、この2社を取り上げた理由は他にも存在する。両社には、〝ある共通項〟があるのだ。

それは、ＪＡＬとアスクルのいずれもが、「デジタルトランスフォーメーションのためのツール」として、アドビ社のサービスを採用しているということだ。

アドビことアドビシステムズは、１９８２年に創業されたコンピュータソフトウエア開発の老舗企業である。

アップルやグーグル、フェイスブックといった、いわゆる「大手プラットフォーマー」と並んで語られることは少ないが、多くの企業や個人が常日ごろ触れている「影響力の大きさ」という意味で、アドビはそれらの企業に勝るとも劣らない影響力を有している。

なぜなら、「フォトショップ（Photoshop）」に代表される有力なクリエイティブツールをもっているからだ。プロのデザイナーやクリエイターでなくても、フォトショップや「イラストレーター（Illustrator）」、「インデザイン（InDesign）」などのソフト名を聞いたことがあるはずだ。写真が好きな人なら、アマチュアでも毎日、使っているかもしれない。

出版や広告等の印刷物から、ウェブや映画の制作にいたるまで、あらゆるクリエイティブな作業において、およそアドビのツール群が関わらないところはまず存在しない。

アドビは、大手プラットフォーマーとはまた別の意味で、現在のＩＴを支える巨人の一角を占めているのである。

アドビがもつもう一つの顔——自らのツールで自らを変革した企業

ただし、前述の2社が「アドビ社のサービスを採用している」というとき、なにも彼らが「フォトショップやイラストレーターを使っている」ということを意味してはいない。

じつは、現在のアドビは、フォトショップなどのクリエイティブツールの会社であると同時に、デジタルマーケティングやデジタルトランスフォーメーションを支えるビジネスツールを提供する会社でもある。後者の側面は意外なほど、いまだイメージが浸透していない。

クリエイティブツールとデジタルトランスフォーメーションのツールとでは、さほど関係がないように思えるだろう。実際に、それぞれに異なる別の技術によって成り立っている部分が多い。

アドビはもともと、クリエイティブツールを提供する会社だったが、のちに企業向けの管理ツールを手がける企業を買収することで、「デジタルトランスフォーメーションとデジタルマーケティングの会社」としての価値を高めてきた……という経緯があるのだ。

では、デジタルマーケティングツールを提供する企業としてのアドビと、クリエイティブツールの会社としてのアドビとが分離して存在しているのかといえば、決してそうではない。技術としては、コアの部分に大きな関連性が存在しているからだ。

なにより大きいのは、クリエイティブツールの会社としての姿から変貌を遂げていくうえで同社を支えたのが、同社自身が扱うデジタルマーケティングのツールだった、ということだ。

第１章で、ＪＡＬやアスクルが、デジタルトランスフォーメーションを成功させつつあるプロセスを紹介したが、じつはアドビ自身が、過去の約10年間にわたって、デジタルトランスフォーメーションによってビジネスを大きく変革させてきた企業であり、それを支えているのが、自社のツールなのである。

すなわち、「デジタルトランスフォーメーションとはなにか」を知るには、特に2012年以降のアドビが、自らの業態をどのように変革してきたかをつぶさに振り返るのが一番である。アドビがデジタルマーケティングとデジタルトランスフォーメーションを推進し、そのためのツールを提供するのは、彼ら自身がその効果を体現しているからなのだ。

印刷と映像の世界が一変——アドビとは何者か

自らのデジタルトランスフォーメーションの過程で、アドビはなにをしたのか？——それを解説する前に、アドビという会社の歴史を遡《さかのぼ》ってみたい。

アドビは1982年、チャールズ・ゲシキとジョン・ワーノックによって、米国・カリフォルニアで創業した。二人はともに、もともとはソフトウエア研究者であり、1970年代から80年代にかけて、現在のパソコンにつながる多くの研究を生み出したことで知られる、ゼロックス・パロアルト研究所（通称ＰＡＲＣ）に所属していた。

ＰＡＲＣで彼らが研究していたのは、「ページ記述言語」とよばれる技術だ。

一つの文書には、さまざまな書式の文章が組み合わされて使われている。我々はそれを、「見た目」で理解しているが、文書ページを構成する書式や書体の情報を「言葉」で正確に表すことができれば、それを使って、より少ない情報でリッチな文章を記録することが可能になる。

それが、「ページ記述言語」とよばれる考え方だ。

ページ記述言語を使うことで、小さなデータでリッチな文書を作成することが可能になるため、印刷物制作過程のデジタル化や流通に大きな役割を果たす。

もちろん、ゲシキとワーノックの二人は、そのことをよく理解していた。そこでつくったのが、「ポストスクリプト」というページ記述言語だ。

ポストスクリプトをパソコンやプリンター、ソフトウエア開発企業に提供することで、パソコンを使った印刷の高品質化と、印刷ビジネスへのパソコン利用の拡大を促した。

そこから生まれたのが、「ＤＴＰ（デスクトップ・パブリッシング）」という概念だ。いまや印刷物のほとんどすべてがパソコン上でつくられているが、その源流はアドビにあったわけだ。

ちなみに、アドビの初期の大口顧客として知られるのが、あのアップルだ。アップルはパーソナルコンピュータ「マッキントッシュ」を生み出した翌年に、アドビのポストスクリプトを使ったレーザープリンター「LaserWriter」を発売している。このLaserWriterの印刷の品質の美しさが、DTPを生み出し、いまやあたりまえのものとなった「ギザギザ感のない印刷」を定着させた立て役者である。

おなじみのPDFファイルもアドビの考案

アドビはその後、前出の「フォトショップ」や「イラストレーター」などのグラフィック作成用ソフトに加えて、「プレミア（Premiere）」や「アフターエフェクツ（After Effects）」といった動画編集用アプリを生み出し、印刷から映像制作までを含めた「あらゆるクリエイティビティ」の世界へとビジネスを拡大していく。

１９９２年に生み出した「ＰＤＦ（Portable Document Format）」は、文書ファイルを「印刷するもの」から「データで流通させるもの」へと変貌させた。いまや、学術論文から公文書、あるいは企業間でやり取りする各種の資料や契約書等まで、あらゆる文書が、ＰＤＦファイルとしてウェブ上を流通しているのは、みなさんよくご存じのとおりだ。

おそらくはここまでが、多くの人々がよく知る「クリエイティブツールを提供する会社」としてのアドビの姿だろう。

だが、アドビを本当の意味で別種の企業へと変身させたのは、ここから先に訪れた変化である。そしてその変化こそが、本書のテーマである「デジタルトランスフォーメーション」そのものである、といって間違いない。

「サブスクリプション」モデルの選択

では、「アドビを別種の企業へと変身させた」分岐点とは、どのようなものだったのか？

その重要な分かれ道は、２０１２年に訪れた。

アドビは同年、メイン商材であるフォトショップやイラストレーターなどのソフトを、「クリエイティブクラウド（Creative Cloud）」という有料会員制（サブスクリプション）のサービスに移行したのだ。

それ以前の同社のソフトウエアは、それぞれを個別に販売する「パッケージ型」商品だった。家電量販店やパソコンショップなどの店頭には、ソフトが収められたディスクとマニュアルを同梱した「パッケージ」が置かれていて、ユーザーはそれを購入していた。

このようなソフトには、1～2年に一度のペースで、大きな機能拡張をともなう「バージョンアップ」がおこなわれるのがつねだった。すでにソフトをもっている人に向けた「バージョンアップ版のパッケージ」が、通常版より割安に提供されることもあった。

このような販売形態は現在、減少しつつあるが、決して珍しいものではない。マイクロソフトのウィンドウズなどのOSやオフィスソフトなどでバージョンアップ版を購入した……という経験をもつ人も少なくないだろう。

だが2012年、アドビは「パッケージ型」商品を販売する戦略を捨て去った。ソフトのパッケージ販売を停止して、会員制のサブスクリプションサービスである「クリエイティブクラウド」をスタートさせたのだ。クリエイティブクラウドには、個々のユーザーの予算や求める機能に応じていくつかの会員メニューが用意されており、どのソフトが使用できるかは、会員種別によって異なる。

しかし、いずれにしても店頭でディスクが売られることはもうない。クリエイティブクラウドの会員には、ウェブ経由でソフトが提供され、複数のソフトを自分のパソコンなどにインストールして自由に使うことができる。

そして、パッケージ版がなくなると同時に、「バージョンアップ版」も存在しなくなった。会員であるあいだは、つねに最新のソフトが提供されるからだ。

サブスクリプションへの移行で不利益を被る人たち

「パッケージ型」から「クリエイティブクラウド」への移行は、アドビの既存ユーザーに大きな衝撃を与えた。

ユーザー側から見れば、アドビのツールに対してお金を払うサイクルが大きく変わるからだ。パッケージ版の時代には、2年に一度程度のサイクルで、各ソフトごとに数万円を支払うのが通常だった。口の悪いユーザーからは「アドビ税」と揶揄《やゆ》されるくらい、経済的にはインパクトがあった。

そのため、「バージョンアップは毎回でなく、1回飛ばしでおこなう」ユーザーも存在した。部署全体で何年も前のバージョンを使いつづける企業も、珍しくなかった。

会員制になることで、そうした事情は大きな変化を迫られる。個人版・年間プランの場合、毎月980円から5860円まで、使えるソフトの種類によって料金は異なるものの、支払いは「1~2年に一度」ではなく、「毎月」に分散される。

利用するソフトの数によっては、過去のバージョンアップ版に支払っていた額より安くなる設定なのだが、「支払いサイクルが変わること」は、ユーザーにとってやはり少なくない負担だ。

さらには、過去のバージョンを使えなくなることで、ソフトの使用法や使い勝手の変化によってワークフローが変わることを嫌う人々もいる。

技術革新のスピードにビジネスモデルが合わなくなった

サブスクリプションへの移行は、ユーザーにとってプラス/マイナスの両面があり、賛否両論の施策であることは承知していたが、アドビは今後のビジネス成長を考えて、あえて決断した経緯がある。

「クリエイティブクラウド」の導入はなぜ、必要だったのか?

２００７年から同社のＣＥＯ（最高経営責任者）を務めるシャンタヌ・ナラヤンは、筆者に対し、次のように説明した。

「最大の問題は、アドビの製品サイクルが遅すぎて、エンジニアが提供したいと考えていた、あるいは顧客が要求したイノベーションのペースに追いつかないことでした」

パッケージ販売の時代には、新しいバージョンの提供は18～24ヵ月ごとにしかおこなわれていなかった。もちろん、不具合（バグ）の修正を含む細かな変更は日々、施されていたものの、大きな機能拡張はあくまで「バージョンアップ」の際に追加されるものだった。

しかし、エンジニアによる技術開発は、バージョンアップのサイクルに関係なく、つねにおこなわれている。「18ヵ月が経過しないと新技術が生まれない」などということはない。

従来は、「バージョンアップ版を多数販売する」というビジネスモデルにあわせて、その間に蓄積していた改良点や新技術を「バージョンアップ版の発売にあわせて出していた」にすぎない。

逆の見方をすれば、「大きな変化を用意できないとき」はバージョンアップ版を買ってもらえないことになるので、話題になりやすいバージョンアップを毎回、用意しなければならない、というジレンマに陥《おちい》る面もある。

本来は、「使い勝手の改善」のような細やかな変化もソフトにとっては重要であるはずなのに、そうした軽微な変更点は、単価が数万円を超えるパッケージを売る力にはなりづらいのが実情だった。

既存ビジネスにひそむ「機会損失」に気づいて

「ソフトをパッケージに入れて、販売代理店や再販業者を通じて販売するモデルは、10年以上前までは活発に使われていました。しかし、2012年より前の時点で、『そろそろこのモデルを変えるときだ』と、私たちは考えていたんです。ビジネスの成長を加速させながらクラウドに移行することで、より良い製品とより良いエクスペリエンス（体験）を顧客に提供しよう、という信念が生まれていました」

ナラヤンはこう説明する。

特に課題だったのは、パッケージビジネスにとどまることで市場拡大が阻害されている可能性の検討だ。

「パッケージモデルは当時、収益性は確保されていました。しかし、市場で作成されているコンテンツの量が増えるほどには、アドビのビジネスは成長していなかった。次世代の新しいユーザーを惹きつける魅力にも欠けていた。

私たちは、クリエイティブな製品によるエコシステム、アドビのビジネスモデル、顧客との関わり方を根本から考え直す必要があると気づいたのです。クラウド化・サービス化を促したのは、従来のビジネスモデルに『機会損失』がひそんでいる、という考え方にいたったことでした」（ナラヤン）

すなわち、「パッケージで売る」というビジネスモデルに付き物のサイクルの長さや出費の大きさに起因するハードルの高さ、そして、顧客との関係の希薄さこそが問題だ……とアドビは考えたのである。

クラウドへの移行で生まれた二大メリット

会員制サービスへと移行し、クラウドであらゆるソフトが提供されるようになったことで、大きなメリットがもたらされた。

ソフトのアップデートの機会を格段に増やすことができたのだ。18ヵ月も待つ必要は、もうない。

新しい技術や改善点を提供可能になった時点で、いつでもアップデートすることができる。数万円のパッケージを売るための「看板」となるような機能を定期的に用意する必要から解放され、ユーザーインターフェースの細かな変更のような、地味ではあるが十分に価値のある変化にも、コストをかけやすくなった。

そして、イニシャルコストが大幅に下がったことは、「フォトショップを試してみたい」という若いユーザーの獲得にもつながった。

たとえば、学生がいきなり十数万円もするパッケージ・ソフトウエアを買うのはハードルが高い。月額料金制にして初期の出費を抑制したことで、若いユーザーでも「アドビのソフトを試しに使ってみる」体験が可能になる。

かつてのように、「ソフトは高くても買うもの」という前提はもはや、成り立たなくなっている。ウェブ上のさまざまなサービスやソフトが次々に無料化され、スマートフォン用のアプリの世界ではすでに、高額なアプリは存在できなくなっている。

「使うときにだけ対価を払う」「価値を認めたら対価を払う」というモデルに変わってきているのだ。ソフトとのこのような付き合い方に馴染んだユーザーのメンタリティに合致するビジネスモデルに変えていかなければ、５年後、10年後には、アドビの中核顧客の数が減っていく危険性があった。

社内改革を促す契機に――デジタルトランスフォーメーションの最良の例

ナラヤンが下した「サブスクリプションへの移行」「クラウドへの移行」の決断は、今後もアドビのクリエイティブツールが使われつづけるための、ある意味では必須の選択だった。２０１２年当時は驚かれたものだが、いまになって考えれば、その判断は正しいものだったと断言できる。

アドビのツールは現在、パソコン用だけにとどまらなくなっている。

フラッグシップアプリである「フォトショップ」は、２０１９年11月にタブレットである「ｉＰａｄ版用」のバージョンが登場し、２０２０年には「イラストレーター」もｉＰａｄ版がリリースされる。写真編集管理アプリ「ライトルーム（Lightroom）」は、スマートフォンとタブレット、パソコンそれぞれに提供されている。

２０２０年にはさらに、スマホ専用の「フォトショップカメラ（Photoshop Camera）」というアプリも登場する。これは、スマホのカメラで撮影した写真をリアルタイムで加工できるアプリだ。昼のシーンを夜に変えたり、写真を絵画調にしたりすることができる。

こうしたアプリ群も、基本的にはクリエイティブクラウドのサブスクリプションで提供される。ただし、無料で試してみることも可能だし、単品でサブスクリプション契約することもできる。

ｉＰｈｏｎｅが世に出たのは２００７年、日本で発売されたのは翌２００８年のことだった。スマートフォンの普及からすでに10年以上が経過し、「物心つくころにはスマホがそばにあった」という世代が、そろそろ成人を迎えつつある。

こうした世代にとっては、スマホは「あってあたりまえ」の存在であり、パソコンよりもスマホのほうが身近な「スマホネイティブ世代」である。多くの人にとっても、パソコンを使っている時間よりもスマホを使っている時間のほうが長くなっている。諸外国よりもパソコンの普及率が低い日本では、特に地方部を中心に、「スマホしか使わない世代」も増加傾向にある。

スマホネイティブ世代を軸に、パソコンを使わない人々が増えているいま、クリエイティブツールを提供するアドビであっても、「いかにスマホやタブレットに対応するか」が重要になっている。

スマホやタブレットには、パッケージソフトが存在しない。そのなかで効率的なビジネスをおこなうには、サブスクリプションのような手段で顧客との接点を広げる必要がある。

アドビが２０１２年にサブスクリプションへと移行した当時は異論が続出したものだが、スマホネイティブ世代が重要な位置を占めるようになった現時点から振り返れば、移行は必然だった。あのタイミングで大きな方針転換を決めたのは慧眼であり、時期が遅れていれば、同社には大きなダメージが降りかかったことだろう。

そして、アドビの内部に視点を移せば、この決断は同社内に「デジタルトランスフォーメーション」を促す一大転機となった。事実、「クリエイティブクラウド」移行の前後で、アドビ社内の人々の働き方は大きな変化を余儀なくされている。

そして、その変化と、そこから得られたものこそが、デジタルトランスフォーメーションとデジタルマーケティングを考えるにあたって、最良のサンプルを提供してくれるのだ。

サブスクリプション移行は「第二の創業」

パッケージビジネス時代のアドビは、「新規顧客の獲得」という課題を抱えていた。これはじつは、全世界的に大きな問題だったのだが、特に日本は、その影響が大きい市場の一つだった。

「率直にいって、日本市場には、パッケージ販売からの移行に対する抵抗感のようなものが存在しました。現在の（サブスクリプションである）『クリエイティブクラウド』に移行するときには、（パッケージ版である）『クリエイティブスイート』を買い込む企業もあったくらいです」

アドビシステムズ・デジタルメディア事業統括本部 常務執行役員 統括本部長の神谷知信は、2012年当時の状況をそう説明する。

ただしそれは、単純にサブスクリプションを嫌がってのことではない。

クリエイティブスイートは、日本では特に印刷業界での利用が多く、そうした分野では通常、最終出力先は「紙」である。正常に印刷機などで出力できるワークフローの維持がきわめて重要であり、ソフトの切り換えはリスクを生じさせることにもつながる。そのため、現在でもクリエイティブクラウドと、クリエイティブスイートの過去のバージョンが併用されている場合も少なくない。

その点については、アドビも否定していない。

一方で、バージョンアップ・ビジネスへの依存度が特に高かったのもまた事実だ。神谷がつづける。

「5年前の2014年時点ではまだ、ビジネスの8割が過去のバージョンアップからの移行でした。それだけ、既存顧客からの売り上げが大きかった、ということを示しています。既存顧客と強固な関係をつくりつづけることはもちろん悪いことではないのですが、それだけではダメです。

クラウドかつサブスクリプションである『クリエイティブクラウド』への移行は、弊社にとって『第二の創業』ともいうべき大きな出来事でした。それだけの変化ですから、印刷以外の業界でも、サブスクリプションへの移行には時間がかかりました。『サブスクリプション』という形態に慣れていないという部分もあったのでしょうが、現在は併用も含め、状況はずいぶんと変わってきています」

２０１５年に印刷関連業界の人たちに対して、「クリエイティブクラウドを使っていますか?」と神谷が質問した際には、３割程度しか手が上がらなかった。それが現在は、ほぼ１００パーセントの顧客がクリエイティブクラウドを導入済みだ。先に指摘した互換性の問題を考慮して、過去のパッケージ版を併用している企業もまだ多いとはいえ、わずか４年で隔世の感を覚えるという。

「デジタルな会社」とはなにか?

アドビがクリエイティブクラウドへの移行を決めたのは、ナラヤンが説明するように「新しい技術への対応」という側面も大きかった。具体的にはどういうことなのか?

じつは、単に新機能が次々に追加されるというだけにとどまる話ではない。神谷の説明に耳を傾けよう。

「ユーザーからのフィードバックのスピードが上昇しています。オンライン上に公式のユーザーフォーラムがあり、そこにもたらされる要望をきちんと分析して改善に役立てていましたが、かつての18～24ヵ月に一度のバージョンアップでは、どうしても時間がかかる。

現在は、大きな機能を追加するバージョンアップを基本的に年2回おこなっています。フォーラムからの情報を受けて、品質管理チームが積極的に動き、改善内容を決めていきます。アップデートの回数がさらにひんぱんなものもあり、ユーザーインターフェース・デザイン用のツールである『XD』はほぼ毎月、アップデートしています。新しいソフトなので、進化の速度が速いからです」

じつに理解しやすい話ではないか。

操作性の改善などは、ユーザーを待たせる必要のないアップデートだ。また、機能そのもののアップデートも、20年の歴史があるソフトと発売から2年しか経過していないソフトとでは、同じ速度や頻度でおこなうほうが不自然だ。

コンピュータ・ソフトウエアというデジタルな存在も、その流通が「パッケージ」という物理的なものであった時代には、流通の速度や慣習という物理的な要因によってビジネスの速度やサイクルが制限されていた。しかし、流通がデジタル化したことで、その前提は大きく変わる——。

アドビのようなITをフィールドとする会社は、「存在そのものがデジタルである」と思われがちだが、それは明白な間違いだ。商材がデジタル的なものであっても、流通がそうでなければ、必ずしも「デジタルなやり方に特化した会社」といえるわけではないからだ。

アドビは、クリエイティブクラウドの導入によって、主要な商品やサービスの「流通」をデジタル化した。その結果、社内で大きな改革＝デジタルトランスフォーメーションを起こす必要が生じ、その過程でデジタルマーケティングを最大限に活用する必要に迫られることになる。

それはいったい、どのような変化だったのか？　章をあらためて見ていくことにしよう。

第3章

「流通のデジタル化」が加速した経営改革

——「なにが」「どう」変わったのか

DIGITAL TRANSFORMATION

前章では、パッケージビジネスからサブスクリプションへの移行によって、「フォトショップ」や「イラストレーター」などの主要な商品・サービスの流通をデジタル化したアドビの実例を見た。そして、その結果として、彼ら自身がデジタルトランスフォーメーションを起こさざるを得ない状況が生じた——こう予告した。

それはいったい、どのような状況だったのか？

この第3章では、アドビが体験したデジタルトランスフォーメーションの詳細を分析しながら、他の多くの企業にとっても参考になるエッセンスを抽出していく。

「最初の30日」で「1年後の顧客」が見える

クリエイティブクラウドの導入によって、「フォトショップ」や「イラストレーター」などのソフトがデジタル配信に変わったということは、ユーザーの側から見れば「最初にソフトにどう触れるか」、すなわち「入り口」が変わることを意味している。

すでに述べたように、アドビがクリエイティブクラウドへの移行を決めた目的の一つには、従来よりも多くの新規顧客を獲得することがある。じつは、この「入り口」に、大きな変化が隠れていた。

クリエイティブクラウドを含めたアドビの各ツールは現在、「体験版」を無料でダウンロードして使えるようになっている。写真編集管理ソフト「ライトルーム（Lightroom）」や動画編集ソフト「プレミアラッシュ（Premiere Rush）」のように、スマートフォン版・タブレット版も用意されているものは、まずは無料版を試してみて、その後も使いつづけるなら有料のサブスクリプションに移行する……といったかたちで使いはじめることができる。

体験版の提供それ自体は、「なにはともあれ、まずは実際に触ってもらうことからはじめて利用者を広げたい」という意図に基づいたもので、現在のソフトのあり方として、決して珍しいものではない。

しかし、現在のアドビは、体験版にも独自の「工夫」を凝《こ》らしている。

「ここには、我々が『ファースト・マイル』とよぶ顧客との接点があります。これまでの利用実績調査から、最初にダウンロードして30日以内のアプリの利用率を見て対処することで、１年後のサブスクリプションの更新率が変わることがわかっています」

前章でも登場した、アドビシステムズ・デジタルメディア事業統括本部　常務執行役員　統括本部長の神谷知信がそう明かす。どういうことか？

「いつ」「どのように」使ったかを詳細に分析

顧客の立場に立って考えてみると、理解できるだろう。

「ツールを必要とするとき」とは、なんらかの目的を果たしたかったり、ツールそのものへの関心があったりと、明確な理由があるものだ。その「理由」はたいていの場合、しばらくすると満たされる。用がすんだのかもしれないし、興味が失われたのかもしれない。アドビのツールはプロも使用するレベルなので、未経験のユーザーには使い方が難しく、挫折してしまった可能性もあるだろう。

いずれにしても、そのまま放置してしまうと、その人にとってのアドビのツールは「さほど必要がないもの」に逆戻りしてしまう。

ではどうすればいいのか？

興味や関心を引き戻すために、そのユーザーとコミュニケーションをとればいいのだ。

「したがって我々は、『最初の30日間』にどのようなチェックポイントを設ければいいのか、どういう情報を顧客に提供すればいいのかを分析し、行動するようにしています」（神

谷）

ユーザー自身が気づくことはないが、アドビのツールを使うと、起動回数や起動間隔、どのソフトのどの機能を使ったか、といった情報が集計されるようになっている。それらのデータはアドビに集められ、顧客の動向を分析する指標として用いられている。

この指標の存在こそ、パッケージ時代とクラウド・サブスクリプション時代を分ける大きなポイントといっていい。

軽視されていた「購入後の利用率」

アドビのＣＥＯであるシャンタヌ・ナラヤンは、クリエイティブクラウドへ移行する以前に存在していた問題点を次のように指摘する。

「どの機能が最も顧客にとっての価値を高めるのか？——それを理解するために必要な、顧客との関係が築けていませんでした。クラウドへの移行は、それを再考する絶好の機会になると考えたのです」

従来も、アプリの体験版は提供されていた。そのダウンロード数も把握していた。また、機能の利用率を計測することも可能ではあった。

しかし、パッケージの時代には、そうしたデータをきちんと集計し、相互の関係を調べて販売に活用するかたちになっていなかった。なぜなら、パッケージ販売する場合には、それらの指標はさほど大きな意味を有していなかったからだ。

極論すれば、パッケージ製品が売れるのであれば、購入後の利用率はさほど重要ではなかったのである。

もちろん、バージョンアップして関係を継続してもらうには必要かつ重要なことなのだが、売り上げへの影響という意味でも顧客への影響という意味でも、「いかにバージョンアップ版を派手にアピールし、興味を惹きつけるか」が、より大切だった。

だが、ソフトがダウンロード提供されるものになり、利用が継続されて「サブスクリプション契約を更新してもらう」ことで収益が上がるビジネスモデルへと移行すると、話はまったく違ってくる。ソフトが使われつづけて「更新してもいい」と思ってもらえるには、それだけ「便利なものである」「必要なものである」ということを認識してもらわなければならないからだ。

ユーザーごとに画面表示を変更

ここで、「ダウンロード後30日間」のユーザーの行動に話を戻そう。

スマートフォン用のアプリやサービスの世界には、「離脱率」という言葉がある。いまや、無料でアプリをダウンロードできるのがあたりまえになったが、いくらダウンロードされたとしても、使われなくなってしまったのでは、その後の収益は上がらない。

そのため、アプリやサービスの収益性に関する指針の一つとして重視されるのが、「離脱率」だ。どのくらいの人がサービスを使わなくなった＝離脱したかが数値化され、これを一定以下の値に保つことが重要である、とされているのだ。

アドビの考え方も同様である。

同社の場合には、初期の30日間における利用率・離脱率の傾向が翌年のサブスクリプション契約の更新に影響する、という分析のもとに、現時点での施策が組み立てられている。

具体的には、どのような対策が講じられているのか？

写真編集ソフトとして著名な「フォトショップ」を例にとって解説しよう。

フォトショップを起動すると、「チュートリアル」が表示されることがある。チュートリアルとは、ソフトの使い方を教えてくれる学習機能のことを指す。多くのソフトは、初心者向けに初歩的な機能やボタンの意味などをチュートリアルとして表示し、自学自習できるよう設計されている。通常は、誰が操作しても、同じチュートリアルが表示されるのがふつうだ。

しかし、フォトショップに代表されるアドビのソフトでは、すべての人に同じチュートリアルが表示される仕様にはなっていない。フォトショップを初めて使った人とそうでない人、グラフィックデザイナーと写真愛好者など、ユーザーの属性によって、提示されるチュートリアルの内容はそれぞれ異なっているのである。

なぜか？

ユーザーの属性を仕分けせよ

「じつは、ソフトの利用回数やどのような機能を使ったかによって、そのユーザーがどういう属性の人であるかを推定し、チュートリアルを出し分けています。その人がどれだけそのソフトに習熟しているのか、あるいは、どれだけその世界を知っているのかは、ユーザーによってまちまちです。そのため、ユーザーごとに、ソフトの利用開始後30日以内で分析し、出し分けるようなしくみになっているのです」（神谷）

クリエイティブクラウドには、複数のソフトが含まれる。「フォトショップ」や「ライトルーム」のような写真系のソフトもあれば、「プレミア」のような動画系のソフトもある。「XD」などのプロトタイプ作成ツールも含まれる。

それら各ソフト／ツールのすべてにおいて、「ユーザーがどういう属性で、どれだけ習熟した人なのか」を分析したうえで、それぞれのソフトの利用率が最大限に高くなるよう、メッセージの出し方を変える工夫をしているのだ。

同社では現状、顧客を大きく5つのグループに分けている。それぞれのグループに属する顧客がどういう情報を求めていて、どのようにすれば利用を継続・促進するのか、という判断がおこなわれている。

特に、こうした「ソフトの利用率・離脱率に着目した施策」の効果は、利用の中心がスマートフォンやタブレットになっていくほどに顕著だ。現在の若者は一般に、パソコンの使用にこだわらない。過去には、写真や動画の編集といったクリエイティブな作業はパソコンがないとできなかったが、現在はある程度まで、スマートフォンだけでも完結できるようになってきた。

正確にいえば、スマホネイティブ世代を中心に「スマホだけで作業を完結したい」という声が大きくなってきたことを受けて、対応を強化するようになってきたのだ。アドビのツール群のなかでも、「ライトルーム」や「プレミアラッシュ」などのスマホ対応が進んだものについては、初期の利用率を高める施策が特に効果的だという。

数億円単位で利益を左右する画面構成

こうした行為はまた、ソフトのなかだけに存在しているものではない。ソフトをダウンロードし、会員となって使いはじめた人はもちろんのこと、「それ以前」の人もターゲットになっている。

そこで大きな役割を果たすのが、アドビの公式ウェブサイトだ。

たとえば、写真や動画を編集したいと考えた人は、ウェブで検索してソフトを探すことになる。まずは、そのような要望をもつ人がアドビのサイトに到達するよう、検索キーワードに連携したネット広告展開をおこなう。

当然のことだが、どのキーワード検索からどの経路を経由してアドビのウェブサイトに到達したのかは、明確に追跡できるようになっている。その状況によってウェブの表示は変わり、個々の人がアドビに求めるものを探しやすいページが表示されるしくみになっている。

アドビの公式ウェブサイトは同社にとっての窓口であり、同時に、クリエイティブクラウドのようなサブスクリプション商品を販売するための店頭チャネルでもある。単純に見た目を美しくするだけではなく、わかりやすい表示に努めることも重要だ。

面白いことに、わかりやすさのニーズは国によって異なる。

じつは、アドビの公式ウェブサイト、特に、クリエイティブクラウドに関するページは、日本のものと海外のものとで大きく様相が異なっている。

日本のものは、「クリエイティブクラウドがどのような特性をもっているか」「どのような機能が含まれるか」といった一覧がまず表示される。一方、海外のページはもっとシンプルに「無料体験をはじめよう」というボタンが用意されているだけだ。

「なにができるか」をまず知りたがる日本人と、「とにかく試す」ことからはじめる海外の人々とのメンタリティの差から生まれたものだ。

ほんのちょっとした違いにすぎないが、このように構成を変えるだけで、クリエイティブクラウドの契約額が「数億円単位で変わる」とアドビ側は説明する。

意外に思えるかもしれないが、このように「国別に柔軟にウェブの構成を変えられるようにする」のは、それなりに技術的な難易度も高く、コストもかかる。しかし、それを許容しなければ、国ごとに最適なビジネスをおこなうことは不可能だ。

つねに優先される行動基準

「どのようにウェブサイトを変えるべきか」「どの経路への広告出稿を重視すべきか」といったことはすべて、実際に集まったデータを解析して得られた指標をもとに判断されている。

顧客の行動を分析したうえで、それをうまく自社との接点の増加に結びつけ、「どうすれば利用率が増え、最終的な契約継続につながるか」という基準で行動しているのだ。

こうした施策は、ほぼすべてが自動的におこなわれている。数値を見たうえでの施策変更はあるものの、ひとたび動き出せば、システマチックに運営されていく。

アドビは、このような指標解析や、解析結果に基づく広告配信、キャンペーン展開などのデジタルマーケティング・ツールをもっている。そうしたツールの外部への提供とコンサルテーションは同社にとって、クリエイティブクラウドから得られる収益と同様、大きな柱の一つとなっている。

なにより、アドビ自身がそうしたツールから恩恵を受けているのだ。

これぞまさに、「デジタルマーケティング」そのものである。アドビはこの手法を、「データドリブン・オペレーションモデル（DDOM《ディードム》）」とよんでいる。

DDOMはアドビにとって、クリエイティブクラウドというビジネスモデルの変革同様、社内に大きな変化をもたらした存在だ。

相次いだサブスクリプションのキャンセル

クラウド・サブスクリプションへと移行することで、アドビはこうした「デジタルマーケティング」を活発化した。だが、最初からすべて、うまくいったわけではない。DDOMというモデルを構築するまでには、相応の時間を要している。

神谷は当時を、次のように振り返る。

「クリエイティブクラウドにビジネスの主軸を移して2年ほどで、パッケージ版の顧客の移行から新規顧客の流入へと、顧客層が変化しはじめました。ところが、その新規顧客がすぐに利用をやめ、サブスクリプションをキャンセルしてしまうという事態が起きた。顧客が定着しなかったのです。

このことが大きな課題として、2015年ごろに持ち上がってきました。顧客の『カスタマージャーニー』を把握して、一連の流れをマネジメントする必要がある、という意識が、社内で高まってきたのです。こうした課題は、アメリカで先行して認識されていましたが、まったく同じことが、日本にも訪れた格好でした」

神谷のいう「カスタマージャーニー」とは、マーケティングの世界で広く使われている言葉だ。顧客がどのように考えて商品に触れ、顧客と企業の接点がどう生まれて、どのように顧客がサービスや商品を使うのか――。一連の流れを仮説としてとらえ、その仮説をもとに自社のビジネスを最適化していくわけだ。

カスタマージャーニーを「人が想像してつくる」のは簡単だ。マーケティングに関わる人ならば、誰もがそれなりに経験しているだろう。

しかし、デジタルマーケティングの世界においては、カスタマージャーニーを把握する際にもデータを用い、確証のあるかたちで進めていく。データから生まれたカスタマージャーニーを使うということは、あらゆるセクションが同じ視点でビジネスをとらえる、ということにほかならない。

社内全体が「同じものさしで状況判断できる」強み

神谷は、「当初は、部署ごとに見ているカスタマージャーニーが違った」と述懐する。セールスはセールスの、サポートはサポートの、開発は開発の視点から、それぞれに別々のカスタマージャーニーを見ていたのだ。

必要とされていたのは、さまざまなデータから得られる指針をまとめて見せて、統一的な判断を下せるシステムだった。そこから社内全体が同じものさしで各自の状況を判断し、ビジネスを改善していく。

このためのシステムこそ、「ＤＤＯＭ」だ。

ＤＤＯＭは、２０１６年に導入された。導入を決定し、利用を推進したのは、ＣＥＯのナラヤンだ。トップダウンによる全社的な利用によって、社内を改革していった。

現在は、ナラヤンはもちろん、すべての社員が出社後すぐに、同じ「ダッシュボード」を見る。ダッシュボードには、その時点までの各種の経営指標とその変化が示されている。指標のどれかに目標とのズレがあると、その内容は速やかに担当部署に伝えられ、対策が検討されるようになっている。

では、こうしたシステムができあがることで、社内はどう変化していくのか?

「まず、組織間のチームワークが良くなった」と神谷はいう。サービスの継続率やソフトの利用率など、同じ指標を全員が見て議論するため、視点のズレが極小化され、相互のコミュニケーションがとりやすいからだ。

「なにより議論が深掘りできる」(神谷)のもまた、コミュニケーションのズレが少ないがゆえのことだ。

流通をデジタル化した効果

結果として、「課題を見つけるのが早くなった」と、神谷は証言する。

それぞれの分野における責任者が、データのなかから問題となる「ホットスポット」を見つけやすくなり、その情報を横展開できるからだ。

「とにかく、会議の生産性が向上しました。データがあることで、会話の質が良くなったからです」と神谷はいう。組織をまたいで統一的な指標が存在することは、それだけ大きな価値を有しているのだ。

ここで思い出していただきたいのは、そうした統一的な指標が得られるのは、流通がデジタル化されたことで、顧客の動きや自社のビジネス指標が詳細に得られていることが背景にある、という因果関係だ。

ＤＤＯＭのようなかたちに移行できるのは、一時的に売り上げが下がるリスクを負ってでも、「パッケージ販売という物理的流通のビジネス」からサブスクリプションへと、シフトしたがゆえなのである。

１ヵ月かけていた仕事が「一瞬」で解決

結果的に、アドビの社員たちの働き方は大きく変わった。

神谷の説明を聞こう。

「たとえば、月曜に会議があるとしましょう。その場で、売り上げの減少が確認されたとします。

過去には、売り上げが減ったことをそこで把握し、その後に『なぜ減ったのか』を担当者に情報を落としたうえで調べる、というプロセスを経ていました。減少した理由が判明して対策を考えられるようになるのは、やっと水曜くらいだったでしょうか。

いまは違います。月曜日の朝に出社した時点ですでに、問題の原因を考えるためのデータが数字として見えています。したがって、その日のうちにアクションプランを立てることができる。誰かに情報を聞かなければいけない、ということはほとんどありません。

数字は、モバイル（スマートフォン）向けとパソコン向けで当然違いますし、国によっても異なります。以前なら、担当者が違うという理由で、各所に問い合わせなければいけなかった。国が違えば、いったん本社に問い合わせて、さらに当該国の担当者につないでもらって……という手順を経ていましたが、いまならダッシュボード上ですぐに確認できます」

他にも、こんな例があるという。

イラスト作成ソフト「イラストレーター」の過去のバージョンからの移行が遅いため、改善策を開発チームと協議することになった。「一週間のあいだに何度、利用者がイラストレーターを立ち上げるのか」というデータを確認するために、日本チームはまず、プロダクトを担当するチームに情報の提供を依頼した。

だが、データの収集と分析についてはＣＴＯ（最高技術責任者）が統括するチームが手がけていた。そこで、プロダクトチームからＣＴＯチームへと依頼を出してもらい、それからデータを分析するチームへとデータを渡して確認する。この過程には、国をまたいだ連絡をともなうために、なんと1ヵ月もかかっていたという。

現在は、同社の社員なら誰でも、ダッシュボードからすぐに指標を確認することができる。1ヵ月の時間を要していた仕事が、「一瞬」へと短縮されたのだ。

改善サイクルは「3日間」

結果として、アドビの働き方のサイクルは圧倒的に速くなった。

一般的には、次のようなサイクルになっているという。公式ウェブサイトの変更を例に挙げてみよう。

月曜日に出社すると、前の週の状況がすべて分析され、ダッシュボード上にデータが表示されている。それを営業担当者とシェアしつつ、夕方までに改善のためのアクションプランを立てる。そうすると、直後には変更するための情報がまとまり、火曜日には改善が実施される。それを見ながらチェックミーティングをし、次にとるべきアクションを確定し、水曜日を迎える……。

すなわち、主要な改善プロセスはわずか3日間でおこなわれ、その先の結果が週末に向けて集計され、次の月曜日からまた同じプロセスを回せるような体制になっているわけだ。「情報を待つ」「分析を待つ」という段階が消失し、担当者が直接判断したうえで、どんどん動いていけるようになったことで、仕事の速度感が大きく変わったのである。

経営指標にも変化が

このようなサイクルに変えたことで、アドビのビジネスは変貌した。

仕事の速度感が向上し、顧客の状況に合わせてどんどん最適化され、変化していく存在になったのだ。

一方で、サブスクリプションに移行したことは、アドビの経営指標にも変化をもたらした。サブスクリプションへの移行はそもそも、新規顧客をとらえ、硬直した市場をリフレッシュし、現在の顧客のニーズにあわせた成長を求めたものだった。アップデートのサイクルも高速化し、使い勝手の向上や機能の進化を促すことにも成功した。

だが、サブスクリプションへの移行は同時に、アドビの収支サイクルにも大きな変化を促した。

パッケージ版に頼っていた時代には、アップデートがおこなわれるときに売り上げが極大化し、それ以外の年は小さくなる傾向にあった。経営を安定させるには、単独のソフトのアップデート収益だけに頼ることなく、複数の収益源を束ねて平準化することが重要だった。

収益構造の平準化が大切であることは、サブスクリプションへの移行後も変わらない。しかし、サブスクリプションに移行したことで、じつはその平準化は、より容易なものになるという副産物が得られたのだ。

どういうことか。

データサイエンティストを大量雇用する理由

まず、利用者は年単位で契約を更新するので、収益は毎年一定額が入ってくる。アドビのツールを使う人々が増えれば、それだけ収益は安定的に伸びていく。

なにより大きいのは、「次の年に契約を更新するであろう人の数」が、各種の指標から統計的に推測できる、ということだ。先ほど述べたように、ダウンロード後の30日間の利用状況からは、その顧客が1年後に契約を更新するかどうかをかなり正確に予測することができる。同様に、特定の施策によって契約状況がどう変わるのかも推測可能だ。

そのために、アドビ本社は大量のデータサイエンティストを雇い、分析指標の高度化とシステム開発に継続的に努めている。「どれだけの人が契約を更新するのか」を事前に見極めることができれば、経営状況の予測はより容易になる。業績を成長させるには、新規顧客の獲得を進めればいい。

サブスクリプションへの移行は、その後の成長を安定化させるためだけでなく、経営状況をより透明にし、積極的な投資や未来に対する展開を実現するためのものでもあったのだ。

アドビはクリエイティブクラウドへの移行に苦労したものの、２０１７年度第３四半期には、累計で既存ユーザーの４割を超える新規顧客の獲得に成功した。経常収益は88パーセントの部分が予測可能となり、経営のブレは小さくなった。

そして同年、年間収益は前年比で25パーセントもの大きな成長を達成している。

これらはすべて、サブスクリプションへの移行がもたらしたものであり、デジタルマーケティングの活用によるビジネススタイルの変革によって実現されたものだ。アドビがデジタルトランスフォーメーションとデジタルマーケティング関連のツールを拡販するのは、彼ら自身が「それらを用いて成功した」からなのである。

第4章

DIGITAL TRANSFORMATION

「顧客の望むこと」はすべて、データが教えてくれる

——「なにを」「どう」活用すべきなのか

ＪＡＬ、アスクル、そしてアドビ――。

前章までに、これら3社の具体的な例を通して見てきたように、顧客との接点としてウェブサイトが自然かつ当然の存在になった現在、そこでの顧客体験の価値を向上させることが必要不可欠だ。ＪＡＬやロハコはその典型的な例であり、また、アドビ自身も「流通のデジタル化」にともなって、日々のビジネスの判断に必要な情報の粒度と活用スピードを大きく変えざるを得なかった。

一方で、根本からビジネスのあり方を改革するそのような変化は、ともすれば現場に混乱をもたらし、顧客との関係を悪化させる結果をも招きかねない。重要なのは、システムをどう活かし、ビジネスのあり方をどう変えていくか、という点にある。

本章では、そうした観点から大いに参考になる事例と、その本質について考察してみよう。

三井住友カードの苦悩

三井住友フィナンシャルグループ傘下のクレジットカード会社である「三井住友カード」

は、２０１２年12月にアドビのデータ分析ツールである「アドビ・アナリティクス（Adobe Analytics）」を導入している。

三井住友カード・執行役員 マーケティング統括部長の佐々木丈也は、「導入といっても、『業務の刷新』、いまでいうデジタルトランスフォーメーションのような、大上段に振りかぶったものではありませんでした」と振り返る。

課題は、非常にシンプルだが重要なものだった。

当時、同社のウェブサイトの運営はマーケティング統括部の前身である「ネットビジネス事業部」が担当していた。クレジットカード事業においては、他の業種以上に、顧客との接点のデジタル化が進んでいる。ウェブサイトはその最前線であり、最も重要な窓口といっていい。

しかし、２０１２年当時の同社のウェブサイトは、理想的とはいいがたい状態にあった。一言でいえば、「わかりにくかった」のだ。

クレジットカード会社の顧客は、公式ウェブサイトに対して、さまざまなことを期待する。今月の請求額が知りたい、カード紛失に関する問い合わせ先が知りたい、といった既存顧客のニーズに応えるページもあれば、新しいクレジットカードのキャンペーンなど、新規顧客に向けての情報もある。だが、それがうまく機能しているとはいえなかった。

佐々木は、当時を次のように振り返る。

「正直にいって、顧客にとってわかりづらいページ構成になっていて、求めている答えがすぐに見つかる状態ではなかったんです。実際に『わかりづらい』という声も、多く寄せられていました。

事業成長には、ウェブサイトの存在が重要です。それぞれの担当者にはもちろん、それぞれにやりたいことがある。『新しい顧客に加入してほしい』というものもあれば、『既存の顧客にもっと使ってほしい』という要望もあります。それぞれの考えをもとに組み立てていったのですが、実態として、顧客の希望とはズレたウェブサイトになってしまっていたのではないか……ということです。

単なる仮説ではなく、定量的に分析していかないと本質を見誤ることになると気づかされました」

使用目的と制作意図の乖離

三井住友カードがまず手がけたのは、アクセスログから、どのページにどのように顧客が流れているのか、ということを解析することだった。各担当者はそれぞれに目的をもってウェブサイトを構築しているが、それらの目的は達成されることなく、サイトを訪れた顧客が「直帰」してしまっている、という可能性が高かったからだ。

同社のサイトは、ウェブの重要度が高まるとともに、ページ数もどんどん増えつづけてきていた。結果的に、トップページから各コーナーへと移動するための導線も複雑化する。導線が複雑化した結果、顧客はウェブサイトへ来た目的を果たすと、それ以外のことをせずにページを離れていた。ときには、目的の情報にたどり着くことすらできずに離脱している事例も見受けられたのだ。

このような状況になった理由は、なんだったのか？

佐々木は「ウェブが直接、収益を稼ぎ出す場所ではなかったから」と話す。

「当時は、ウェブ構築に対するポリシーが希薄でした。新規顧客なのか既存顧客なのか、顧客の状況によってウェブサイトを利用する目的は違うはずなのに、誰のためのページなのかが明確にされていなかった。

社内には多数の部署があり、それぞれがそれぞれのやり方で事業を推進しています。事業別になっているがゆえに、各部署が『ウェブサイトに載せてほしい』と考えている情報はバラバラでした。そのため、事業部ごとに、それぞれの判断に応じてコンテンツの制作を依頼していた。コンテンツをつくる側では、依頼があるのだから、ウェブ上にあるスペースにオーダーどおりのコンテンツを埋めていく……。

ごく一般的な流れに見えますが、では、そうやってつくられたウェブサイトは、顧客側からはどう見えるのか？——そういう問題が生じていたのです」

〝玄関〟からつくり直す

大切な顧客が、自社のウェブサイトを活用できていない——。

この重要な問題にどう対処するのか？

三井住友カードがとった策は、「導線の再整理」だった。佐々木がつづける。

「とにかく、やれることからやろう、という話になりました。サイトの構造をあらためて棚卸しすれば、顧客にとっての『痛点』がどこにあるのかを洗い出せる、ということはわかっていた。ならば、まずは『最初の〝玄関〟をつくり直す』ことからはじめようということになったんです。すなわち、訪問者の目的にあったかたちで情報を整理し、入り口をわかりやすく整えることです」

まず手始めに、ウェブサイトの表玄関である「総合トップ」を、新規顧客をターゲットに再構築し、次の階層に既存のトップページを配置し直す。そして、既存顧客に対しては、すぐに「ログインページ」に遷移するようにしておくことで、目的のサービスにたどり着くまでにいくつもページを移動しなければいけないイライラ感を軽減する──。

こうした基本コンセプトをもとに、各ページの配置や導線の見直しがおこなわれた。リニューアルの裏コンセプトは「お・も・て・な・し」。作業に着手した2013年当時は、2020年の東京オリンピック開催が決まった直後である。流行語にもなったIOC総会でのスピーチからの引用だった。

サイト構築の判断基準とは？

ウェブサイトは、ただ単に「つくって終わり」というわけにはいかない。新たに構成し直したウェブサイトについても、目的どおりに顧客が望むサービスへといたる最短距離になっ

改訂後の総合トップページ

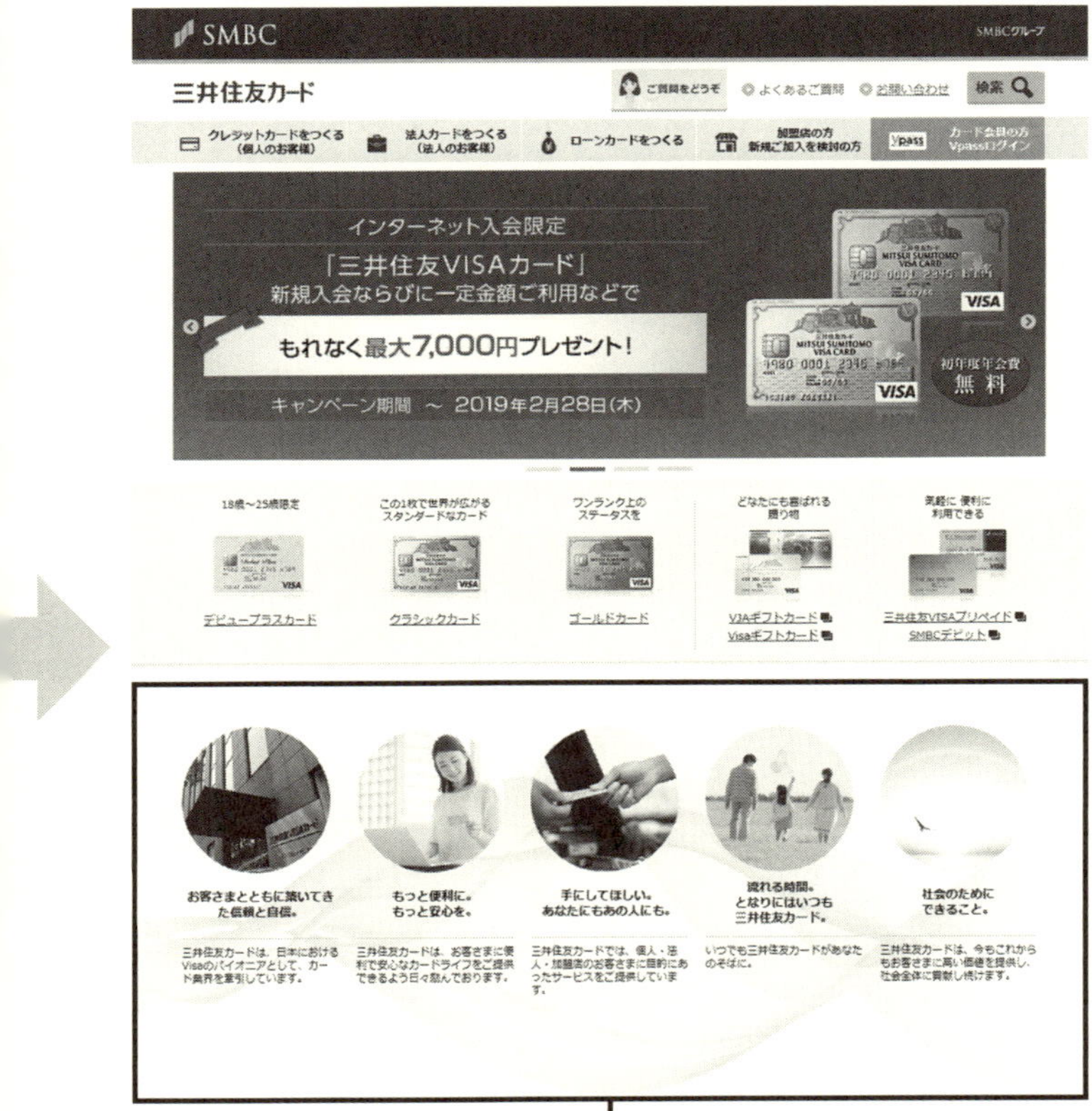

リニューアル時の裏コンセプトは……

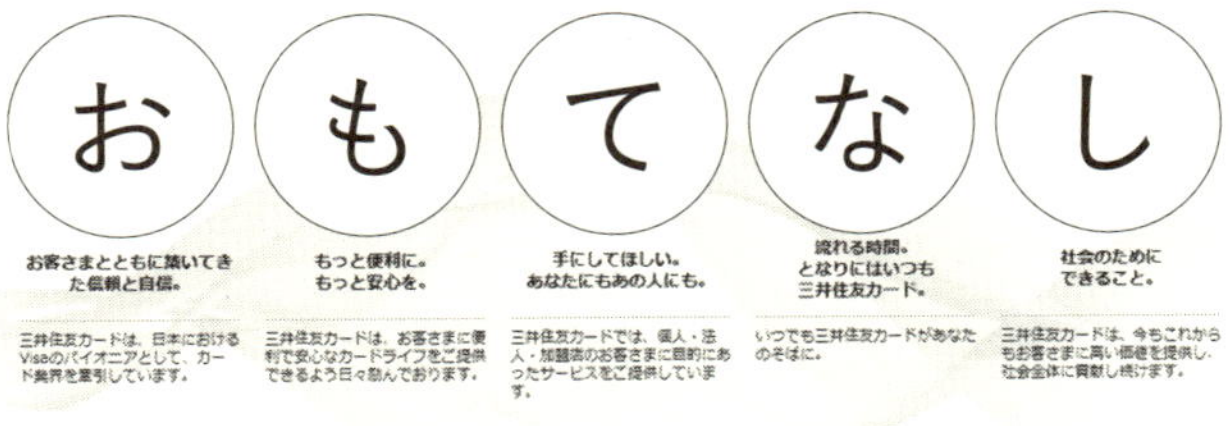

三井住友カードの場合

改訂以前の総合トップページ

直帰率が高いのが課題だった。

※各ページ内に記載されている情報には過去のものも含まれています。

ているかどうか、解析データを用いた検証をおこないながら進められた。

「その結果、面白い現象が起きたんです」と佐々木はいう。

「各事業部は従来、追加したいコンテンツの選定を、いわば自分たちのカンで、無秩序におこなっていました。しかし、『アナリティクス』を活用することによって顧客の興味・関心がわかるようになってきたことで、その判断基準が大きく変化したんです。

いくら自分たちが重要だと思っても、見られていないものは落とす、つまり、掲載の優先順位を下げるようになった。アナリティクスのデータを掲載基準として社内に周知し、データに基づいて意思決定するよう徹底させました。加えて、各事業部にアナリティクスに基づくデータを還元することで、問題提起にもつながります」

こうしたプロセスの変更には、抵抗もあったという。自分たちが「よかれ」と思って提案することに対し、正面切って反対される可能性もあるのだから、当然だ。

それぞれの事業部ごとに重視したいポイントは異なるので、感覚だけでは相容れない部分がある。しかし、「アクセス結果の数字を見せればグウの音も出ない」（佐々木）。

顧客はウェブサイトのどこからどう移動し、どう行動したのか――。ビジネスにとって最も重要な顧客のニーズを明確に指し示すアナリティクスのデータを可能なかぎり活用して、ページの構成を考えるようになっていった。

「見せるべき情報」を「見せるべき人」に向けて

同時におこなわれたのが、「パーソナライズ」の導入だ。「ウェブサイトを訪れた人の属性や利用状況に応じて、表示するコンテンツを変える」という手法である。第3章で、アドビ自身がそれを活用していると説明したが、三井住友カードの場合も同様である。特定のターゲットを設定し、そのターゲットに合うよう、表示するコンテンツを出し分けるようにしていった。

いちばんわかりやすいのは、「バナー」の出し方だ。それまでの利用履歴やアクセス履歴から、「いま来た顧客はどのようなことを求めているのか」をおおむね把握することができる。

たとえば、いったん検索してアクセスしたものの、その後に離脱したページの内容からは、「その内容に興味はあったが離脱した」ということが推測できる。そこで、離脱したページの内容に関する情報のバナーを見やすい位置に配置すれば、そのバナーに興味を惹かれてそちらのページを閲覧する可能性が高くなる……というしくみだ。

また、一度もウェブサイトにログインした経験のない顧客の場合には、ページ内に「明細をウェブに切り換える」ことに関する告知を提示するようにした。同社の事業的には、紙の明細書を減らしてウェブに誘導していくことがプラスに働くので、それを推進する狙いがある。

目に見えて現れはじめた「効果」

もっとシンプルな例もある。

「パーソナライズが導入されるまで、我々はどの顧客にも同じようなページを見せていました。クレジットカードには、多数のキャンペーンが存在します。その告知を、すべての顧客に提示していたのです。

そのため、すでにキャンペーンへの申し込みが終わっている顧客にも、繰り返し同じ告知情報を提示する結果になっていた。まったくもって意味のない、むしろ余計な告知がなされていたわけです。そこで、あるキャンペーンに申し込み済みの人の場合には、別のキャンペ

ーンの情報を出すようにしました」（佐々木）

どの施策も、あたりまえのことのように思えるかもしれない。しかし、これらを実現するには、個々の顧客がどのような状態にあるかをきちんと解析し、それぞれの行動に応じた情報の掲出方法をあらかじめ定めておく必要がある。

ウェブを刷新した結果、同社のウェブサイト経由の新規入会率は３パーセント上がり、「直帰率」は７パーセント低下した。そして、キャンペーンの申し込みなどのコンバージョンレートは、２割も向上したという。

追いかけすぎると顧客は逃げる

ところで、顧客行動の分析によってウェブサイトの価値が向上していく一方で、別のリスクが顕在化するということが起こった。

それは、コンテンツ自体を不快に感じると、顧客は容易に「サービス自体」から離れていってしまう、ということだ。

みなさんにも経験があるのではないだろうか。

ウェブサービスに登録したら毎日のようにメールマガジンが届いて辟易《へきえき》してしまったとか、検索サイトで「住居」をキーワード検索したら、そのあとのウェブ広告がマンション関係だらけになった……といった例だ。

通信料の低額化・定額化が一般的となった現在、ウェブそのものを閲覧したり利用したりすること自体のコストはほとんどかからなくなっている。これは、ウェブでビジネスをする人々にとってきわめて重要かつ有利な要素である一方、利用する顧客の側からすれば、そのサービスを見なくなったり使わなくなったりすることへの抵抗感も少ない、ということを意味している。

すなわち、離脱のハードルは限りなく下がっており、不快なサービスだと感じれば、多くの人々は文句すらいうことなく、ただ去っていくのみだ。

クレジットカード会社は、顧客の個人情報を多く取得している。クレジットカード会社ほどセンシティブなデータを保有している企業は珍しい、といってもいいほどだ。

ウェブやメールはもちろん、紙で送られるダイレクトメール等も、顧客行動のデータに基づいて制作・送付される。そうしたデータをもとに、顧客とどう相対していくのか。

アナリティクスによって顧客行動の詳細が可視化されたことで、従来は無意識におこなわれていたメッセージ送信一つをとっても、個々にきちんとした配慮がなされる必要があるのではないか……という意識が、佐々木たちのあいだで芽生えてきていた。

すなわち、「顧客体験の向上」のためにアナリティクスのデータを活かす、という発想が生まれたのである。

その施策はどんな顧客価値を生み出すか

「キャンペーンのコンバージョンレートを上げることは、確かに重要です。しかし、興味のない顧客に興味のない情報を届けた結果、不快な思いをさせてしまったのでは、極論すれば、解約率の上昇にも結びつきかねない」

佐々木は、こう語る。

「ある顧客にツイッターで指摘されて、『ああ、そうか』と得心がいったことがあります。たとえば、紙のダイレクトメール一つとっても、誕生日に『お誕生日おめでとうございます』とメッセージを送ってくる会社と、同じ日にリボ払いの通知を送ってくる会社とでは、どちらが好まれるか。訊《たず》ねるまでもありませんよね。

通知を送った日が、たまたま誕生日に重なっただけといえばそれまでですが、そういうことが起こらないように事前に設計した『顧客体験』を生み出す企業と、そうでない企業とでは、明白な差が生まれる、という視点をもつことが重要です」

クレジットカード会社は、顧客と長い関係を築いていく業態だ。どれだけの期間、顧客と付き合い、そのなかでどれだけサービスを使ってもらえるかが重要になる。その期間中に顧客から得られる総収益が、「ライフタイムバリュー」だ。

クレジットカード会社における収益拡大は、いかにライフタイムバリューを上げていくか、ということとほぼ等しいが、「毎月の利用率」や「キャンペーンの申し込み率」のような短絡的な指標をＫＰＩに据えてしまうと、勢い「押し売り」のような状態が起きやすくなる。

「そのために我々は、ライフタイムバリューの定義を変えることにしました。我々の側から見たライフタイムバリューではなく、『顧客の側から見たライフタイムバリュー』、すなわち、顧客のみなさんが弊社から感じとっていただけるバリューをどう積み上げるか、という点に注力することにしたのです。

それを実現するため、定量的な効果基準の設定に加えて、『これはどういう顧客価値をもたらすのか』という内容を各事業部からウェブ制作側に提示してもらい、その内容自体が本当に顧客にとって資することなのか否か、この点を精密に査定することにしたんです」（佐々木）

「通知／告知の波」にさらすリスク

「これはどういう顧客価値をもたらすのか」――その基準に立って、ビジネスの判断を下していくというのは、きわめて重要な意識改革だ。

デジタルマーケティングの登場によって、マーケターは多彩な顧客との接点を見出すことができた。デジタルマーケティングにおいては、各種のメッセージを発する際のコストも劇的に下がっている。

結果として消費者は、企業からの「通知／告知の波」に飲み込まれている。ウェブ上には多数の告知が並び、ダイレクトメールは読み切れず、スマホアプリからも通知がひっきりなしに表示される。

消費者はそのことに疲れているし、通知の内容がすべて自分の役に立つわけではないことも体験的に理解している。

デジタルマーケティングによって顧客体験の質が低下してしまったのでは、企業と顧客のあいだで健全な信頼関係を築き、それを継続的に維持していくことは期待できない。まして、消費者を敵に回すようでは本末転倒だ。

三井住友カードでは、２０１７年から２０１９年にかけての中期経営計画を策定する前の段階で、「なにを重要視するのか」という要素として、「カスタマーエクスペリエンスの向上と維持」が挙げられた。全社的にも、「顧客視点に立ち返る」という指針が経営層から示されており、デジタルマーケティング方針の見直しも、その一環としておこなわれた経緯がある。

基本情報をおろそかにしないこと

すでに述べたように、三井住友カードではウェブサイト刷新のプロセスにおいて、「ウェブ上での行動トラッキングにより、顧客のニーズにあったコンテンツを提示する」というしくみを大々的に導入した。だが、それは「望まない情報＝通知／告知の波」を顧客にもたらす危険性も含んでいる。

そこで同社では、顧客接点のなかで各コンテンツがどういう状況にあるか、という情報の洗い出しを開始した。これによって、個々の顧客にとって、どのようなコミュニケーションに「痛点」が存在するかが見えてくる。

その結果にしたがって、「やるべきこと」「できていないこと」などの優先順位を見極めたうえでコンテンツを選定し、それぞれを素材として、ウェブやメール配信などに使っていく、という流れを踏んでいる。

佐々木の説明を聞こう。

「クレジットカード会社では、入会した顧客に対し、『ＥＴＣカードをもちませんか』とか、『リボ払いはいかがでしょうか』といった、多数の案内をお送りすることが多くなっています。しかし、いきなりたくさんの情報を浴びせ倒してしまったのでは、それらはどれもノイズになって、顧客はメールでの告知／通知自体をオフにしてしまいます。

逆に、クレジットカード会社の社員ならよく理解できていることでも、入会したばかりの新規顧客にはあまり意識できていないこともあります。典型的な例が、『次の引き落とし日がいつなのか』といった基本情報です。

一般的な顧客はふつう、使った後で初めて、『そういえばこのカード、いつが引き落としだったんだっけ?』と考えるものです。そこで我々は、そうした仮説に基づいて、引き落とし日を含め、入会直後に知っておくべき情報をお伝えするといった、顧客が本当に必要としている情報を提供する方向へと舵を切り直しています」

デジタルマーケティングにおける顧客との接点を、いきなり「宣伝」として使うのではなく、顧客に自社のサービスをよりしっかりと使ってもらうための情報提供の場と位置づけたわけだ。

こうした改革にとって課題となるのは、「変えたことが顧客に対してどう受け止められたのか?」という点だ。ウェブならば、アクセス頻度やコンテンツの読了率などから、個々の顧客の反応を推測することもできる。一方で、メールの場合には、正確に把握するのが難しい部分もある。

「検証迷子」にならないために

そうした改善は、2018年の時点で、入会に関わるプロセスだけでも80~100項目も存在した。サービス全体となると、とても数え切れない量だ。それでも、変更した結果をレビューし、さらなる改善につなげていくことができなければ、本当の変化はやってこない。

いずれにしても、改善は地道に継続していくより、ほかに方法はない。機械学習による解析やＡＢテストなどを何度も繰り返し、検証を進めているという。

ただ、こうした検証行為には、面倒な問題もひそんでいる。検証のための情報がありすぎて、「検証迷子」になるのだ。改善の名のもとに、いろいろな箇所をさまざまに変更していると、そのうちのどれが効果を示した結果として、現段階の改善につながったのかを見極めにくくなってしまうからだ。

「検証のプロセスをあまり複雑にしすぎてもよくない面があります。また、検証に必要なリソースにも限りがあることを知ることも重要です」

佐々木はそう説明する。この問題に対する明確な解は、いまだ模索中だという。

ＦＡＱの役割――他のページとは異なる特徴とは？

検証の結果、見出された面白い例が一つある。――「電話による問い合わせとウェブの関係」だ。

サービスについてわからないことがあって、電話でオペレーターに問い合わせる、というのはよくある話だ。この行為には、じつは非常に深い意味が込められている。

佐々木によれば、ウェブを見て電話をしてくる人が「4〜5割ほど」いるという。それだけ多くの人が、ウェブを見に来たものの、求める答えを見つけられずにコールセンターに電話をかけてきているのだ。

コールセンターは重要な存在ではあるものの、コストがかかる部門でもある。顧客側から見ても、電話による問い合わせは手間がかかって面倒なものだ。

そのため、コールセンター部門とウェブ部門のあいだでは、日常的にコミュニケーションが図られている。コールセンターに寄せられる質問などの傾向をウェブに反映したり、チャットでのサポートを改善したりすれば、それだけコールセンターの負担が減ることに直結するからだ。

企業の公式ウェブサイト上には通常、「FAQ」とよばれる、よくある質問をまとめたページが設けられている。FAQの改善は大きな課題となっていて、ウェブサイト改善プロジェクトのなかでも大きな割合を占めている。「およそ8割の問題について回答が準備されている」ことを目指して、改善が進められている。

この数値を実現するためには、コールセンターのログとウェブの解析結果を重ね合わせることも、重要な要素となる。たとえば、あるタイミングで電話で問い合わせをしてきた人が、問い合わせの24時間前に見ていたページがあれば、それは「そのページに書かれていたことが問題解決につながっていない」という可能性を示しているからだ。

ＦＡＱに関しては、他のページと異なる特徴がある。「ページの離脱率が高いほど、問題解決に貢献している」ということだ。

離脱率が低いということは、そのぶんページの内容が役立たず、顧客が戸惑っているということを示しているからだ。そのため、「できるだけ離脱率が高く、多くの人がスムーズに問題を解決できる」ことを目標に、改善・解決を目指している。

たとえ解約時でも「顧客満足度を上げるべし」

ＦＡＱの整備が大きな課題となっているのは、コールセンターのコストがそれだけ経営的に大きなインパクトをもつからでもある。

佐々木は「とはいうものの、そこで勘違いをしてはいけないことがあります。単純にコールセンターへの電話の量を減らすことは、必ずしも重要ではないのです」とクギを刺す。

「単純に電話の量を減らしたいのなら、ウェブサイトやクレジットカードの裏面から、問い合わせ先の電話番号を消せばいいんです。実際に、社内では過去、そういう意見が出されたこともありました。しかし、それでは意味がない。

『電話がかかってこないこと』が重要なのではなく、顧客の課題が『コールセンターに頼ることなく改善される』ことが重要なのです。その観点からは、電話の量の改善にはFAQの改善も効くし、入会ページの改善も効く。さらには使い勝手の改善も効いてくる。あらゆる部分が重要なんです」

それらすべてを解決するという意味では、2012年に計画をスタートした時点では考えられないほど、現在の取り組みは大きなものになっています」

「電話の量を減らすこと」それ自体は重要な指針であることに変わりないが、それを満たすためにだけ注力したのでは、「顧客体験の改善」という最重要目標がないがしろになる。だからこそ、ウェブを中心としたデジタルマーケティングの改善が重要なのだ。

「カードを解約するとき、以前は必ずコールセンターに電話してもらうようになっていました。そこで引き留める可能性を探っていたのです。

けれどもいまは、『ウェブでの解約』もできるように準備を進めています。なぜなら、そのほうが顧客体験としてプラスになるからです。たとえ解約という状況でも、顧客にとって快適な体験をしていただく。そのうえで、コストも下がるのであれば……ということです」

佐々木はそう話す。

従来とはまったく異なる、大きな考え方の転換であるといっていいだろう。そのような方針転換を決めた理由は、データ解析によって「顧客の姿」が見えてきたからだ。

メルマガの役割は終わったのか？——データが示すその活用法

三井住友カードでは現在、ウェブの他にもメールやアプリ、ＳＭＳなど、多彩なデジタル手段で顧客との接点をもっている。

それらの使い分けは、どうなっているのだろうか？

最もわかりやすいのはウェブだ。ウェブサイトは、「総合窓口」（佐々木）としての役割を担っている。多くの人がまず最初に利用するチャネルでもあるし、情報の網羅性が高いという特徴がある。日常的なツールとして使ってもらうためにも、ウェブサイトは最も基本的なものだ。

そして、これから先を考えた際に、最も重視しているのが「アプリ」だ。顧客が簡単にお金を管理（家計管理）できる「三井住友カードＶｐａｓｓアプリ」をリリースしたこともあり、新しい顧客接点として、特に今後の充実が期待されている。

アプリの性質上、顧客との接点は「多頻度・高利用」となることが予測され、それに向いたジャンルでの活用を検討している。

一方、見直しを進めているのが「メール」だ。

「じつは、毎月発行していた定期メルマガを中止しました」と佐々木はいう。メールマガジンに対するリアクションもメールの開封率も一定で、伸びが見込めなかったことがその理由だ。

「利用価値が低い」と判断されているわけだが、だからといってメールをいっさい利用しないわけではない。そのこころは？

「弊社では、『行動トリガー』のかたちでしか、メールを配信しないことにしたのです」

（佐々木）

行動トリガーとは、問い合わせの結果や、なんらかのキャンペーン等に応募するなどの「顧客の行動」を契機（トリガー）として、メールを配信することを指す。

行動トリガーであるということは、そのメールは「顧客が望んで行動した結果である」ということを意味している。一方的に送りつけられてくるように見えるメールマガジンとは異なり、行動トリガー型のメールは、顧客側の気持ちにサービス運営側が寄り添っているという特徴をもつ。

「顧客とのあいだで、想いが断絶したコミュニケーションをしても意味がない」と佐々木は断言する。

かつてデジタルマーケティング・ツールとしてのメールマガジンが注目された時代もあったが、このような変化も、否応のない時代の潮流ととらえるべきだろう。

ちなみに、三井住友カードの場合には、メールマガジンに対する顧客の反応は２割を切る。一方、それが「行動トリガー型」のメールになると、リアクション率は「６割」にまで跳ね上がる。じつに３倍の割合の顧客が、行動トリガー型のメールであれば反応してくれるのだ。メール内のリンクのクリック率も同様に、メールマガジンの３倍に達するという。

受け手に望まれないメールマガジンにコストをかけることを避けて、「顧客の動きを待ってトリガーベースで配信する」選択は、こうしたデータ分析に基づくものなのだ。

「SMS」の活用法

クレジットカード会社にとってはそもそも、「顧客と双方向で連絡が取れる手段」は必要不可欠なものだ。重要な内容は、あらかじめ登録された住所や電話番号に対して通知するのがつねだが、この点においても、いまの時代ならではの難点が存在する。佐々木がいう。

「有効期限の更新にともなって新しいカードを送ろうとしても、住所変更をしていないために『不着』になってしまう例が増えています。電話番号がわかっているのだから、そこにかければいいといっても、オペレーターが実際に電話をかけて相手とコミュニケーションを取ったのでは、かなりのコストを要します。

そのため、メールアドレスに通知することもできるのでは……と思っていますし、そもそも『不着』が起きる前にできることがあるんじゃないか、と考えているところです」

携帯電話が主流になっている現在、住所更新や電話連絡に関する事情も大きく変化している。

そこで、同社が注目しているのが、「ＳＭＳ」だ。携帯電話の番号と紐づいており、顧客に対して直接、メッセージを届けやすいのが利点だ。

だが、ＳＭＳを従来のメールのように広く使うことを検討しているのかといえば、決してそうではない。「ＳＭＳをチャネルとして陳腐化させたくない」（佐々木）からだ。

メールは、メールマガジン隆盛の時代を経て、同社のマーケティングチャネルとしては陳腐化してしまった。顧客の立場からすれば、メールによる通知が多すぎて、企業から送られてくるものは「読まずに捨てる」ことが多くなっている。

だからこそ、「トリガーベース」のメール発信へと移行しているわけだが、それでも、メールが有効性を失いつつあるメディアであることに違いはない。

クレジットカード会社には、顧客と「速やかに連絡を取らなければならない」ケースが多々、存在する。典型例は、不正利用が疑われた場合などだ。

そういった際に、確実に使えるチャネルとしてＳＭＳを残したいというのが、分析に基づく三井住友カードの結論である。

「再発行の手続きなど、『知らないと損をする』情報についてのチャネルとして活用していきたい」と佐々木はいう。

これもまた、ウェブやメールの活用分析から得た、自制的で「顧客体験重視」の考え方である。

自らのビジネスにおける「顧客体験」を高めるために、なにをどうすべきか？——三井住友カードの事例から読み取れるように、それらはすべて、データに表れる「顧客の行動」そのものが教えてくれる。

だとすれば、デジタルトランスフォーメーションの本質とはいったいなにか？

次章では、本章までに見てきた事例から抽出・再構成されるその正体に、迫ることにしよう。

第5章

DIGITAL TRANSFORMATION

デジタルトランスフォーメーションが生み出す「新しい価値」

──それはアナログなビジネスでも活かされる

前章までの事例を通じて、デジタルトランスフォーメーションと、それを前提としたデジタルマーケティングがどのようにおこなわれるものであるのかが、ある程度見えてきたはずだ。

最終章となる本章では、これまでの事例に、あらためて言葉の定義をすりあわせながら、デジタルトランスフォーメーション／デジタルマーケティングのもつ〝本当の価値〟について考えてみたい。

我々の仕事に、あるいは消費者としての我々の生活に求められている変化とは、いったいどんなものなのか？——その本質をあぶり出してみよう。

「デジタルトランスフォーメーション」の正体

さて、いきなり本題だ。

「デジタルトランスフォーメーション」とはなんなのか？

現在の世の中に、働くうえで「デジタル」が絡まない業種はおよそ存在しない。したがって、この言葉の指し示すところを漫然ととらえてしまうと、大きな勘違いをしかねない。

たとえば、スマートフォン上で動作する業務システムを導入することは、デジタルトランスフォーメーションなのだろうか？

あるいは、会議の一部をビデオ会議などに変えることは？

どちらも違う。

それらはあくまで、「新しいツールの導入・利用」であって、デジタルトランスフォーメーションとはほど遠い。

デジタル技術によって、ビジネスそのものを「変革」することができなければ、デジタルトランスフォーメーションとよぶことはできない。逆にいえば、技術への取り組み方が変わることで、業務プロセスや業態そのものが変化することが、デジタルトランスフォーメーションの本質だ。

そして、デジタルトランスフォーメーションによって起こされる変化にも、いくつかのパターンがある。

過去のやり方の非効率性が「数字」で表される

最もわかりやすい例は、業務フローが変化することによって、労働負担が軽減されるパターンだ。

本書の冒頭で紹介したＪＡＬの事例は、その典型といえる。ＪＡＬは、自社のウェブ構築体制をより今日的なスタイルに変化させることで、社内のムダを省き、そこから成長の足がかりを見出した。

このこと自体には、古典的な「ＩＴシステムの刷新」と本質的な違いはない。古くなったパソコンを置き換えたり、経理のためのシステムを入れ替えたりすることの延長線上にある変化だ。働き方そのものはそこまで大きく変わることはないし、意識的にも劇的な変化を急激にもたらすものではないので、じつは、導入それ自体は比較的容易である。

しかし、最新のシステムに入れ替えることで、ワークフローは当然、変化する。ワークフローが変わることで、新しいビジネスの可能性を生み出し、変化の礎《いしずえ》となることができる。

〝過去のやり方〟の非効率的な部分が「数字」で見えることで、これからどうすべきなのか、どういう変革をしていくことでよりよい変化がもたらされるのか、ということに社内全体の意識が向かうようになる。JALで起こった最も重要な変化も、この点にある。

POSではわからないデータとは？

この「数値化」をともなう部分こそが、現在のシステム導入が担う大きな意味だといっていい。

特にこの点は、Eコマースの発達によって大きく変化した部分だ。デジタルトランスフォーメーションの成功例がEコマースに多いのは、数値化の恩恵が見えやすいビジネスだからでもある。

従来の販売店でも、「なにが」「いつ」「いくつ売れた」という情報は、数値化できていた。いわゆる「POSデータ」がそれだ。

ただし、「Point Of Sale」（販売時点）という言葉からもわかるように、そのデータはあくまで「販売時」のものに限られる。実際に買った商品に「どうたどり着き」「他のどの商品と比較したうえで」買ったのか、購入以前の情報はまったく不明だ。

だが、Ｅコマースにおいては、購入にいたるまでのページ間の移動が正確に把握できるため、その商品に「どうたどり着き」「他のどの商品と比較したうえで」買ったのかを詳細に知ることが可能だ。

検索サイトからの流入状況を確認することで、「どういうものを求めて店舗に来た顧客なのか」ということも把握することができる。「どのくらいの時間迷ったのか」も、「同時にどのような商品を買ったのか」も、「どのページを見た結果、買うにいたったのか」も、すべて解析可能なのだ。

すなわち、Ｅコマースやアプリサービスには、顧客の行動を客観的なデータ＝「数字の積み重ね」として可視化しやすいという大きな特徴がある。

もちろん、そのような「数字の積み重ね」は、あくまでも「ある行為がアクセスログに残った結果」であるにすぎない。あるページを見た後でそこから商品を買った人が、本当にそのページに書いてある情報などから購買意欲を刺激され、決断したのか、実際のところはわからない。

しかし、多数のログから得られる情報を総合していくことで、顧客の動向が「ある程度確からしい仮説」をともなって数値化されて残るのは事実だ。

アナログなビジネスでも「デジタル」トランスフォーメーションは可能

顧客の動向に「仮説」をもたらしうるそうした数字をもとに、「どんな判断」を「いかに」下してビジネスをおこなうのか？

どの数字が、今後向かうべきどういう指針を示しているのか？

大量のデータによる複雑化を避けたうえで適切な指標を選び、どう経営に活かすかが、デジタルトランスフォーメーションに必須の考え方であり、アスクルやアドビの事例はそのよいサンプルといえる。

ただし、デジタルトランスフォーメーションを起こせるのはＥコマースだけだ、と考えるのは早計だ。

たしかに、商材や物流がデジタル化されることでより多くのデータが蓄積されやすくなり、ビジネス上の指針を検討しやすくなるのは間違いない。だが、どんな業種においても、顧客との接点は多様化しているし、従来は伝わってこなかった数字が得られるようになっている。

あらゆる産業における物流から生産まで、それぞれの分野に特有の「デジタルによる働き方の変化」が生まれてきている。その結果＝数値データを総合することで、旧来型の業態であっても、新しい指針によってビジネス上の判断の精度を高めることは可能なはずだ。

場合によっては、まったく新しい技術の導入が必要な場合もあるだろう。

たとえば物理的な店舗でも、カメラによって人の動きを把握したり、無線タグや画像によって棚から商品が「いつ」「どう動いたか」を可視化したりする技術の研究開発が進んでいる。「Amazon Go」などで話題となった、いわゆる「無人店舗」等を実現するために使われることの多い技術ではあるが、これもまた、「顧客の動きを可視化・数値化して分析する」ことを目的として含んでいる。

「IoT」をどうとらえるか

意外に思われるかもしれないが、デジタルトランスフォーメーションは農業にも応用可能だ。

従来はチェックすることが難しかった水量や気温の変化、生育状況の差異などが、通信モジュールを搭載したセンサーの力を借りることで、細かく可視化することができるようになっている。その結果、カンや経験に頼る部分が多かった領域でも、客観的な数字による判断が可能になる。

また、水量を確認するためだけに、実際に田んぼや畑、あるいはビニールハウスに出向く必要がなくなるため、労働条件も改善する。

工場も同じだ。各種の製造機械とセンサーの連動性を高め、より多くの情報がリアルタイムで取れるようになれば、稼働の平準化や効率化のためのデータを集積することができる。

ここで紹介した物理的店舗や農業、工場などの例は、いわゆる「ＩｏＴ（Internet of Things：モノのインターネット）」とよばれる考え方で実現できる。

これらは、極論すれば、Ｅコマースによって販売・流通の世界にもたらされた変化を、そのままリアルなビジネスの分野でも実現したい、という発想に基づいたものと考えてもいい。

企業とシステムの変化は「一体不可分」

多くのビジネスにおいてはこれまで、数字を逐一見ているのは現場担当者だけだった。その数字から現場担当者が足元の傾向を読み取り、その推測を報告書のかたちで上役に諮り、その後に対策が立てられた。

だが現在は、数字から直接、かつ自動的にビジネス動向の解析がおこなえる。生の数字を特定の経営指標へと読み替えて活用することが、可能になったからだ。

だからこそ、社内の特定の人が読んだ数字を当てにするのではなく、経営層から現場担当者まで、全員が同じ数字を見てビジネスをおこなうことができる。

結果として、企業の構造は大きく変わる。

経営層をトップに、中間にいくつかの管理職をレイヤーとして配置するピラミッド型の構造から、経営から現場までのレイヤーが少なく、ある程度フラットな組織へと変わっていく。そのほうが、より素早く動けるからだ。ビジネスの速度がかつてなく速くなっている現在、自社のビジネスを継続的に成長させていくためには、そのような組織構造の変化が必要不可欠だ。

もちろん、責任を負って経営判断をする層が不要になるわけではない。そのような重要な経営判断が、いくつもの段階を経てなされるものではなくなっていく、ということだ。

少ないレイヤーで経営層が直接、判断を下す例もあれば、チームを細かく分割し、チーム単位に権限を委譲したうえで個別の運営をさせ、そのチーム分けや事業構成を経営層が担当する、というパターンもありうるだろう。

ビジネスのスピードの変化、そして、それにともなうシステムの変化は、企業の形をも変えてしまう——。

現在のこの動きが、デジタル「トランスフォーメーション（変形）」とよばれているのは、企業の変化とシステムの変化が一体不可分なものとして進行していくがゆえのこと、と考えることができるだろう。

アナログ時代のルールがデジタルの足かせに

古くなったシステムは、刷新せねばならない。

過去には「動いているシステムは変えないほうがいい」という発想の企業が多かったが、その常識はもはや捨て去るべきだ。２０００年代までのＩＴシステムと比べ、２０１０年代以降のＩＴシステムは、まったく異なるといっていいほどの進化を遂げているからだ。

たとえば、スマートフォンとの連携が前提になっているかどうか。移動中の時間を有効に活用できれば、業務はかなり楽になる。セキュリティ対策などの考え方を変える必要はあるが、安全面での配慮は、決して使いづらいほど強固なものにする必要はない、ということもわかってきている。

業務のなかで文書をやりとりするためのワークフローも変わった。

従来のシステムは、紙の文書をつくり、その文書上でチェックすることを目的としていた。電子メールの普及によって、文書のやりとりそのものは紙からデータへと置き換わってきたが、軸足が「紙のためにつくられた文書」にあったことに変わりはない。

だが現在は、紙の存在を前提としない、ウェブでの利用を軸にしたワークフローができはじめている。コミュニケーション手段も、電子メールありきというかたちから、「Ｓｌａｃｋ」や「ＬＩＮＥ　ＷＯＲＫＳ」のようなビジネスチャットツールを使うケースが珍しくなくなってきた。

「電子メールで文書を送る際には、セキュリティを確保するために、文書をパスワード付きのＺｉｐファイルに圧縮して送る」という社内ルールが定められている企業も少なくないだろう。ところが、このルールは「セキュリティを確保する」という目的に対し、なんらの効果ももたらさないことがわかっている。実際に、海外の企業ではほとんど採用されていない。

日本企業の多くにこうしたルールがいまなお存在しているのは、紙に印刷することを前提としたワークフローで文書を扱う際に、不適切なルールが紛れ込んだことが原因だ。

ワークフローを進化させよ

「仕事のやり方を変えない」――これも、一つの方針ではある。伝統を守るという価値観を、決して否定するものではない。

しかし、ビジネスをめぐる状況はつねに、ゆっくりとではあっても、確実に変化している。特に現在は、企業どうし・個人どうしのつながりが複層化され、対応を求められるスピードがどんどん高速化しているのが実情だ。

そうした状況下で、過去の仕事のやり方を維持・踏襲していくと、働く側の負担だけがどんどん大きくなり、一方的にキツいものになっていくリスクを否定できない。

企業には、そのときどきのビジネス環境にあわせたシステム投資をし、時代状況にあった働きやすさを担保する必要と責任がある。技術の進化やその時点での条件に応じて、適切に判断してワークフローを進化させていくことのできる態勢を整えること――。これが、デジタルトランスフォーメーションの本質の一つだ。

「スマホで仕事をする」というと、いかにも若い世代だけの話に思えるかもしれないが、それは間違いだ。そもそも顧客の側は、スマホを通じて常時、情報に接している。スマホネイティブ世代の顧客が増えていけば、彼らが情報に触れてから購買などのアクションにつながるまでの時間はさらに短くなっていくだろう。素早くいつでも、負担なく働ける体制を整えることは、誰にとっても重要であり、そのときスマホは、重要な接点となる。

たとえばアドビは、もともとは印刷のための技術をつくる会社だった。それが、ＰＤＦの開発とともにオンラインにおける文書管理へと業態をシフトしていき、現在は、ＰＤＦという印刷に配慮したファイル形式を使いつつも、スマホ上でかんたんに契約処理まで完結できるシステムを開発・提供する企業になっている。

この変化はまさしく、現時点で求められている経営環境に適応するために、ビジネスの形を変えてきた姿にほかならない。

本書では、パッケージビジネスからサブスクリプションへの移行を軸に、アドビが果たしたデジタルトランスフォーメーションの経緯を解説したが、それとは別の側面から見ても、同社は多重的な「トランスフォーメーション」を体験している。

そして、その結果を顧客に提供することで、デジタルトランスフォーメーション自体を推進し、デジタルトランスフォーメーションそのものをビジネスの種にしているのである。

つねに変化できるシステムへ刷新せよ

「過去の技術」と「現在の技術」の最大の違いは、「たえず進化・刷新することを前提としているかどうか」という点にある。

過去のシステムは、いったん築き上げたあとは、改変するのがきわめて大変だった。これに対し、現在のシステムは、現時点の技術トレンドにあわせてきちんと開発してさえいれば、刷新・進化が比較的容易な構造になっている。

システム全体を大規模に停止させることなく、多大なコストをかけることもなく、逐次的に進化していけることこそ、一見すると目立たないものの、そのじつ大きな変化といえる。

アスクルの例からも明らかなように、彼らは比較的ひんぱんに、システムやウェブサイトの更新・改変をおこなっている。とはいえ、更新・改変のたびにシステムを長時間、停止しているかといえば、決してそうではない。

クラウドベースのシステムに支えられることによって、大規模な中断期間を要することなく、更新・改変が可能になっているのだ。そして、そのような更新・改変が実現できるということは、日常的な変化にあわせた最適化や改善の効果を、ビジネスの現場に直接もたらす役割を果たす。

冷静に考えてみてほしい。

大手プラットフォーマーが提供するサービスが長時間停止する、などということがあるだろうか。そのような事態が生じないのは、サービスを停止することが「顧客の離脱」に直結することを各プラットフォーマーが熟知しているからだ。

そして、そのような状況を実現するには、相応のシステムが必要になる。

たとえば、Ｅコマースサイトの場合なら、ストアを運営するシステムが「全体を止めることなく、メンテナンスできる」ものである必要がある。この程度なら、誰でもすぐに思いつくだろう。

しかし、実際にはそれを上回る要素として、業務システム全体が、つねに問題点を明確化する能力を備えたものであることが求められている。アスクルやアドビは、自社のウェブサイトの問題点を毎週のように洗い出し、その結果をもとにして、改善を繰り返している。

絶え間なく変化する顧客の状況に対応するには、それにふさわしいシステムの支援が必要だからだ。

Ｅコマースやスマホアプリのような新しいビジネスについてはそもそも、紙を軸にしたワークフローを転用すること自体に無理がある。たとえば、スマホアプリのユーザーインターフェース（ＵＩ）開発は、デザインの過程だけを抽出すれば、従来の紙の上でのデザインワークに似た部分があるのは間違いない。

しかし、実際には「タップするとどうなるのか」「メニューが変わるとどうなるのか」といったインタラクティブな要素が多く含まれるために、紙の上で作業をしたのでは、作業効率は決して上がらない。デジタルな存在におけるビジネスワークフローは、紙に落とし込むことなく、デジタルのまま回すほうがずっと効率が良く、スピードも速いのだ。

そして、適切なワークフローを実現するためには、適切な技術基盤の選択が必要になってくる。アドビが「XD」のようなデザインプロトタイプ・ツールを開発し、積極的な拡販に努めているのも、新しいビジネスに最適なワークフローを売り込みたいがゆえなのだ。

ボトルネックを回避するビジネス

「XD」をアプリ開発に活用している株式会社フィナテキスト・クリエイティブディレクターの保田容之介は、その価値を「デザイナー以外が活用できることにある」と話す。

フィナテキストは、金融系サービスの開発を手がけるベンチャー企業だが、個人投資の活発化も事業領域に含んでいる。個人向けのサービス開発においては「スマホ向けのウェブサイトとアプリの使いやすさ」が重要であり、その改善は重要度が高い。

アプリ開発の現場では多くの場合、デザイナーがユーザーインターフェースを制作し、仕様書とあわせて関係者に回覧していた。改善をおこなう場合にも同じプロセスが必要であり、特に個人向け金融サービスにおいては、業務やコンプライアンスなど関係各署とのコミュニケーションコストのかかるやりとりが不可欠である。

だが、それでは結局、紙の文書を回覧していた時代となんら変わりがない。XDを使ったワークフローでは、本格的な作業こそデザイナーが担当するとしても、ちょっとした文字修正やコメント追記などは誰でもおこなえる。

「文書を回覧して、最終的にデザイナーが取りまとめる」という作業を経て、次に進めていくのではなく、それぞれのタイミングで素早く作業をすませていくのだ。

「みんなが触れ、みんながチェックできることが、いままでとの大きな違いです。開発内での連携はもちろんですが、業務内連携も楽になりました。

従来は、『アプリはこんなふうに動きます』とアナログに伝えていましたが、XDを使うことで、動作も含め、プロトタイプをかんたんに、共有用のアドレスを一つ渡すだけで、誰でも確認できるようになりました。結果として、最終的なデザインに落とし込むまでのスピードも速くなっています」と保田は話す。

各担当者それぞれが文書に修正を施し、その変更履歴を確認しながら作業を進めていくスタイルは、一般的な契約書やプレゼン資料の場合、10年ほど前から可能になっていた。現時点では、決して特別なこととはいえない。

だが、アプリ開発のように専門性が高い部分でも、ワークフローを担うツールが変化していくことで、より素早く、ボトルネックを回避するビジネスの進め方に変わってきているのである。

システム＝コスト部門？

アドビがサブスクリプションへの移行を決めた理由の一つも、改変・改善のスピードをアップするためだった。

スマホを手にして以降、顧客の行動・反応は加速度的にスピードを上げている。文字どおり、24時間365日、いつでもどこでも情報を得て行動できるようになったこと、さらには行動の最中でも新たな情報を得て判断を変えられるようになったことから、企業にとっては「即座に動くことができなければ次のビジネスチャンスは回ってこない」時代になっている。

告知や通知、あるいは報道など、なんらかの情報を通じて「商品が欲しい」と思った人も、その場ですぐに行動できなければ、「もう欲しくない」と感じてしまう時代だ。そのような生活スタイルの変化に対応していくためには、いつ、いかなるときでも変化できるシステムへと変貌しておくことが重要であり、そのためのシステム投資について決断できることが、デジタルトランスフォーメーションを生み出すための必須条件だ。

こうした変化をもたらすには当然、一定のコストがかかる。しかし、このジャンルにおけるコストの投下は、直接的には売り上げの増加につながることはない。

そのため、経営層としては投資に二の足を踏むこともある。

一般にＩＴシステムは、「コスト部門」とよばれることが多い。あらゆる企業に必要不可欠ではあるものの、直接的な利益を生むわけではないからだ。あたかも、必要悪のように言及されることもあるほどだ。

今回、本書で紹介した企業はいずれも、そのような、先を見据えたシステム投資が実現できた組織なのだが、すべての企業でそれが許されるとは限らない。むしろ、業績面などを理由に、「直接的な利益を生まないのなら、出費を手控えたい」と考える企業もあるだろう。

ＩＴ投資に対するトラウマ

だが、中長期的に考えると、変化しにくいシステムを使いつづけることには大きなリスクがある。

個々の社員の働き方が最適化されないことによる競争力の低下や、のちに大きなコストをかけてシステムを更新する際のリスクや費用を勘案すれば、ある時点で戦略的に投資をおこない、持続的かつ素早く更新できるシステムへと移行することには大きな意味がある。

残念ながら、多くの日本企業は、こうした「技術的妥当性にともなう投資」が苦手なところがある。だとするならば、自社のシステムにどう投資し、どう変えていくべきか、適切なコンサルテーションを受けて判断する必要があるだろう。

ところが、不幸にも過去には、そこで「売らんかな」的なコンサルテーションという名のセールスを受けて、うまく活用できないシステムを導入して、泣きを見てしまった例が少なくない。そうした経験が、日本企業のＩＴ投資を後ろ向きなものにし、競争力低下の原因になっているケースもある。

ＩＴベンダーにも、あるいは、そうした悪質なシステムについて記事やニュースを書いてきた、筆者を含むメディア関係者にも、反省が必要だろう。

デジタルマーケティングの本質とは？

デジタルトランスフォーメーションによってデータが蓄積され、そのデータから得られる評価指針をもとに経営をおこなっていくのが重要となるが、そこで重要な施策となるのが「デジタルマーケティング」だ。こちらもデジタルトランスフォーメーション同様、あいまいでわかりにくい言葉ではある。

「デジタルマーケティングの本質とはなにか」を知るために、アドビが２０１８年10月に買収した企業であるマルケトについて見てみよう。マルケトは、「マーケティングオートメーション」という事業で注目されていた企業であり、デジタルマーケティングの実践者にして、先導者でもあった。

マルケトを買収した理由について、アドビＣＥＯのナラヤンは次のように語る。

「デジタルマーケティング領域では、まず個人向け取引を手がける企業を軸に事業を開始しました。しかし、日本やドイツなどでは、特に『Ｂ２Ｂ（企業対企業）』案件を手がける企業の存在感が大きい。これらの企業がウェブやスマホアプリを通じておこなっている顧客獲得の改善は、我々にとってビジネスチャンスです。

マルケトはＢ２Ｂに強く、一緒になればデジタルマーケティング領域の事業を強くできると考えました」

マルケトは現在、アドビ社内のマルケト事業部として機能している。マルケトの事業・特質を熟知するＤＸデジタルマーケティング／セールスデベロップメント本部本部長の祖谷考克は、デジタルマーケティングについてこう語る。

「一つの本質は、デジタル化が進み、得られるデータが増えたことによって、より顧客の心理や行動がわかるようになったことです。たとえば、企業が調達する際には当然、多くの情報を仕入れる。その一環として、ウェブでの検索もするでしょう。そういう行動からは、顧客の本当の興味や関心が見えてきます。

現在は、その興味・関心にあわせて、こちらからさまざまなメッセージを出し分けられるようになってきました。そして、それに顧客がどう反応したかによって、さらに深く、顧客のことを知ることができる。顧客の側も、『企業からのより良い提案を受けたい』と思っているし、『関心のある情報を受けたい』と考えています。そうした相互関係を築けることが、デジタルマーケティングのメリットそのものです」

B2Bビジネスにも広がるデジタルマーケティング

すでに述べたように、顧客の行動や反応を分析できることは、デジタルトランスフォーメーションの大きな利点である。Ｅコマースのような一般消費者向けのビジネスでは、不特定多数の人々の動向を把握して、顧客が売り場に求めるものを迅速に実現することが重要になる。

一方、ビジネスは一般消費者向け（Ｂ２Ｃ）だけでなく、「対企業」のものも多い。デジタルマーケティングはＢ２Ｃ向けだと思い込みがちだが、決してそうではない。

顧客が求めるものを提供するためにニーズ自体を把握する、という意味では、Ｂ２Ｂにも有効だ。アドビにおけるマルケトの役割もまた、特にＢ２Ｂでのデジタルマーケティングを中心とした部門を担うことにある。祖谷も、次のように話す。

「一般消費者のメディア環境の変化に注目が集まることが多かったためか、どうしてもＢ２Ｃの文脈で語られる傾向が高かったように思います。しかし、現在はＢ２Ｂ企業がデジタルマーケティングに力を入れはじめているのが特徴的です」

〝古典的マーケティング〟との違いとは？

それでは、デジタルマーケティングの価値はどこにあるのだろうか？

顧客の行動・反応を把握したうえで、デジタルな方法でコミュニケーションをとってセールスに活かすことがデジタルマーケティングであると思いがちだが、それは違う。単にそれだけでは、以前から存在する〝古典的なマーケティング〟と大差ない。祖谷も、次のように断言する。

「顧客のことを調べてメールなどでコンタクトするだけであれば、それは過去からある、電話や飛び込みによる営業となんら変わりありません。営業担当者が自らの限りあるリソースを使って訪問して売ることと同じでは、デジタルマーケティングの意味はない。

そもそも現在は、十分な営業リソースを確保することさえ、難しい時代です。たとえば製造業においては、エンジニア自身が直接、部品などの情報をネットで検索している。これは、一般消費者が商品の情報を探していることときわめて近い状況です。調達担当などを飛び越えて、現場のエンジニア自ら、必要としている情報を探しているのです。

ユーザー側がリサーチをおこなっている徴候を見つけ、そこに適切な商品・サービスを提案していく。営業がコンタクトするまで待っていたのでは遅すぎる。その時点ではすでに、顧客の側がウェブ上の情報からいくつかの企業を選択し終えているからです。顧客がもつ本当の関心はどれなのか——正確に理解したうえでコンタクトしなければ、あらゆる営業活動は徒労に終わってしまいます」

「短期的な成果」は期待しない

一般消費者向けの例は、三井住友カードの事例で紹介したようなパターンが多いだろう。検索などを軸に「見せるべき情報」を最適化する。消費者がさらなる情報を求めた場合には、適切なタイミングでメールなどを通じてコミュニケーションをとる――。アクセスログなどから的確に徴候を掴み、顧客が求めるであろう情報を先回りして出していくのが、デジタルマーケティングの一つの理想形なのだ。

アスクルが「ロハコ」というウェブ店舗を最適化していった過程も、デジタルマーケティングの結果そのものだ。「どのような店をつくるか」という命題は、特にＥコマースにおいては重要だ。顧客の実像をとらえ、そこにあわせてビジネスを最適化することは、販売実績に直結する。そしてそれは、「店舗運営」という経営課題の解決そのものだ。

ただし、Ｂ２Ｂの場合には、一般消費者向けとは異なり、一つの案件に対する検討がすぐに終了するとは限らない。長期的に情報提供をおこなった末に、ようやく調達などのビジネ

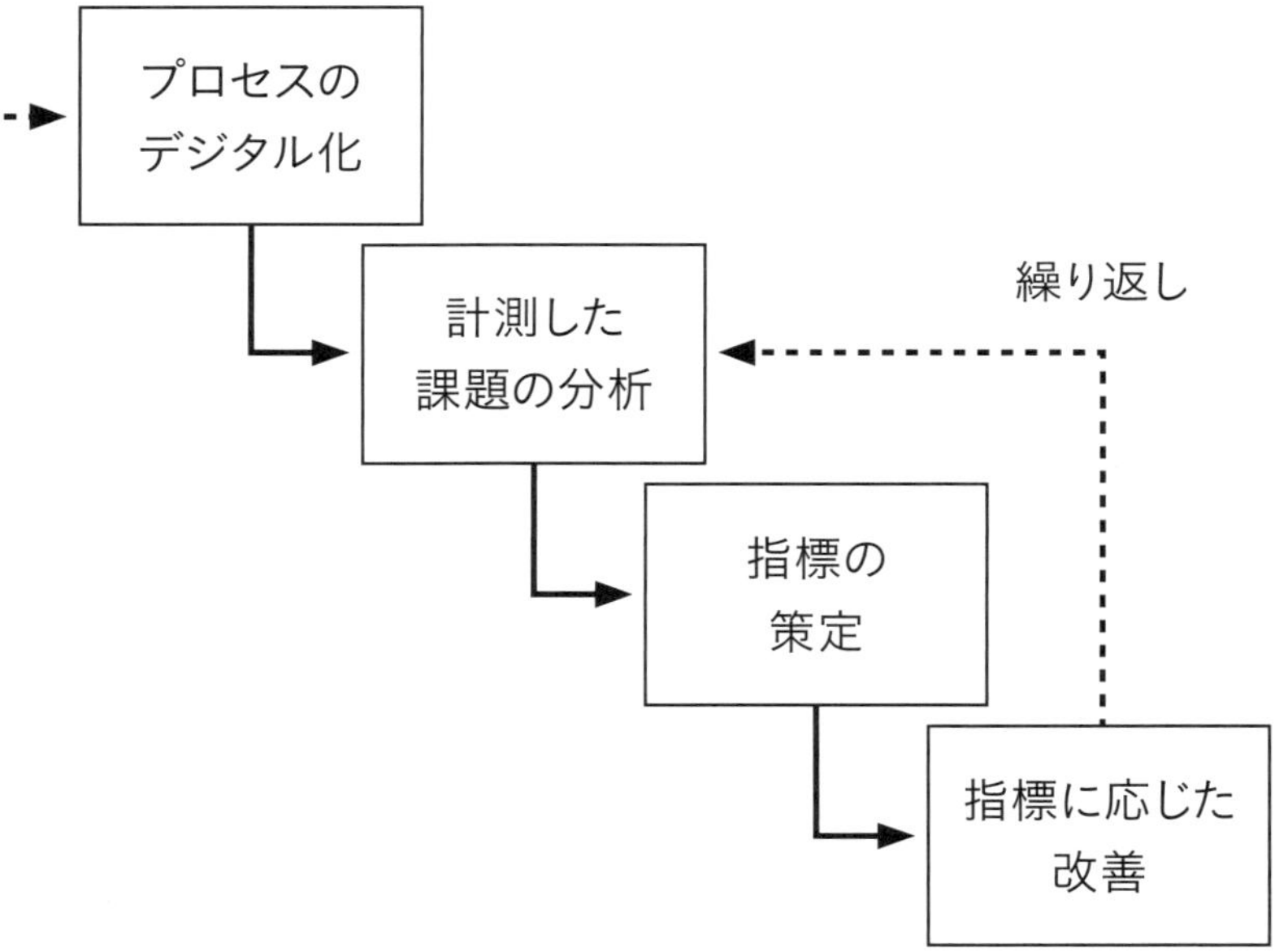
プロセスの
デジタル化
計測した
課題の分析
指標の
策定
指標に応じた
改善
繰り返し

デジタルトランスフォーメーションの概念図

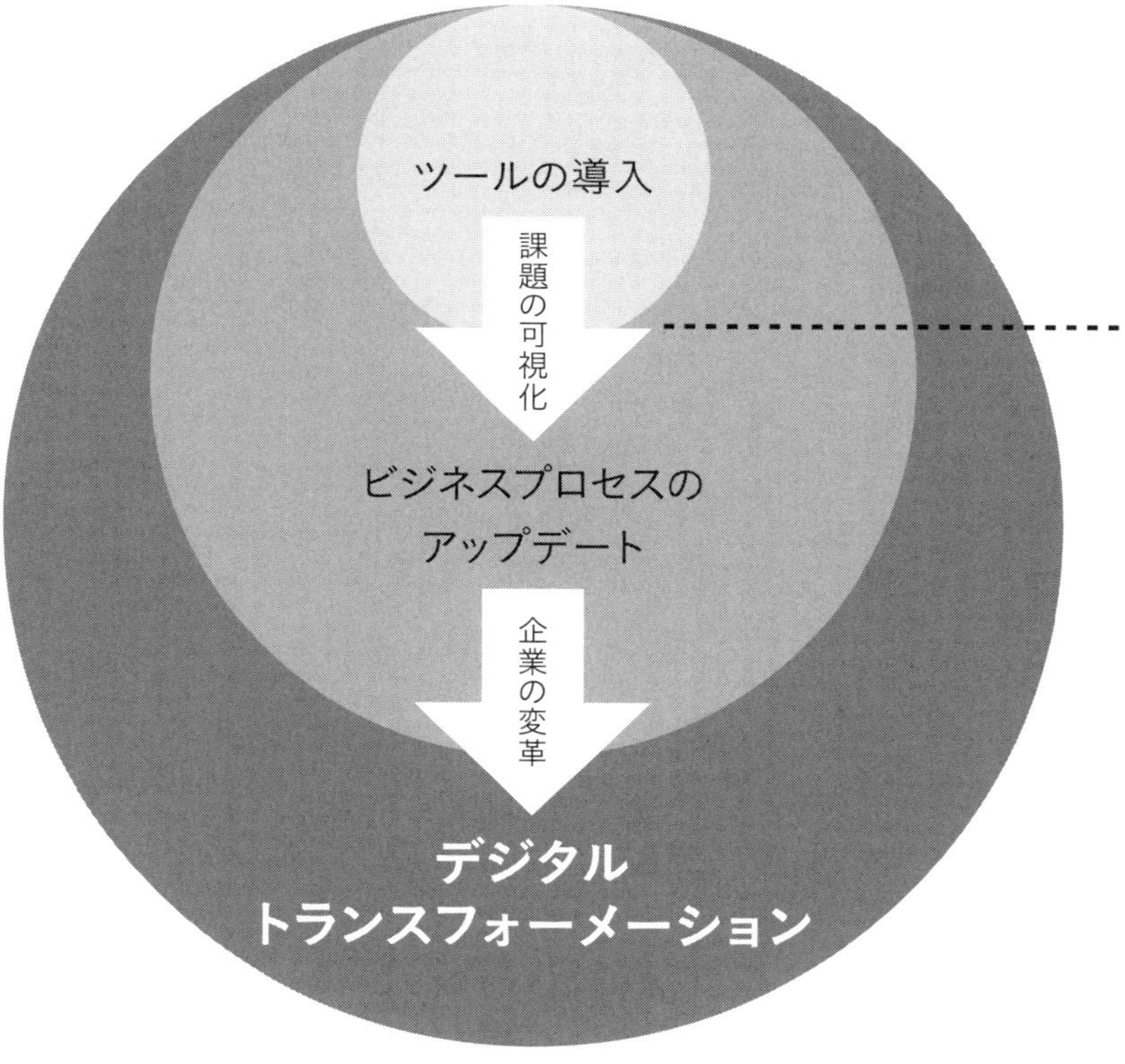

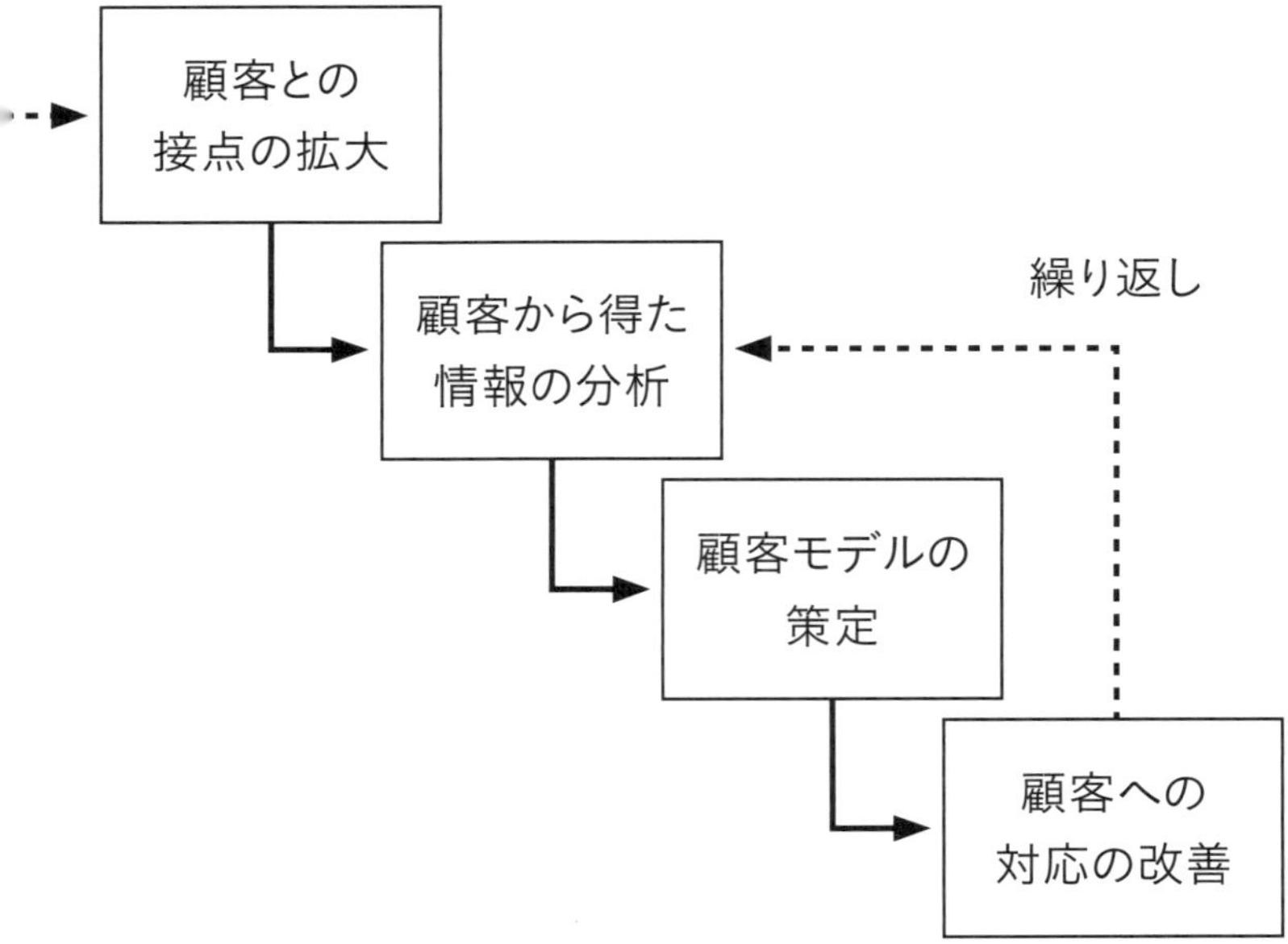
顧客との
接点の拡大
顧客から得た
情報の分析
繰り返し
顧客モデルの
策定
顧客への
対応の改善

デジタルマーケティングの概念図

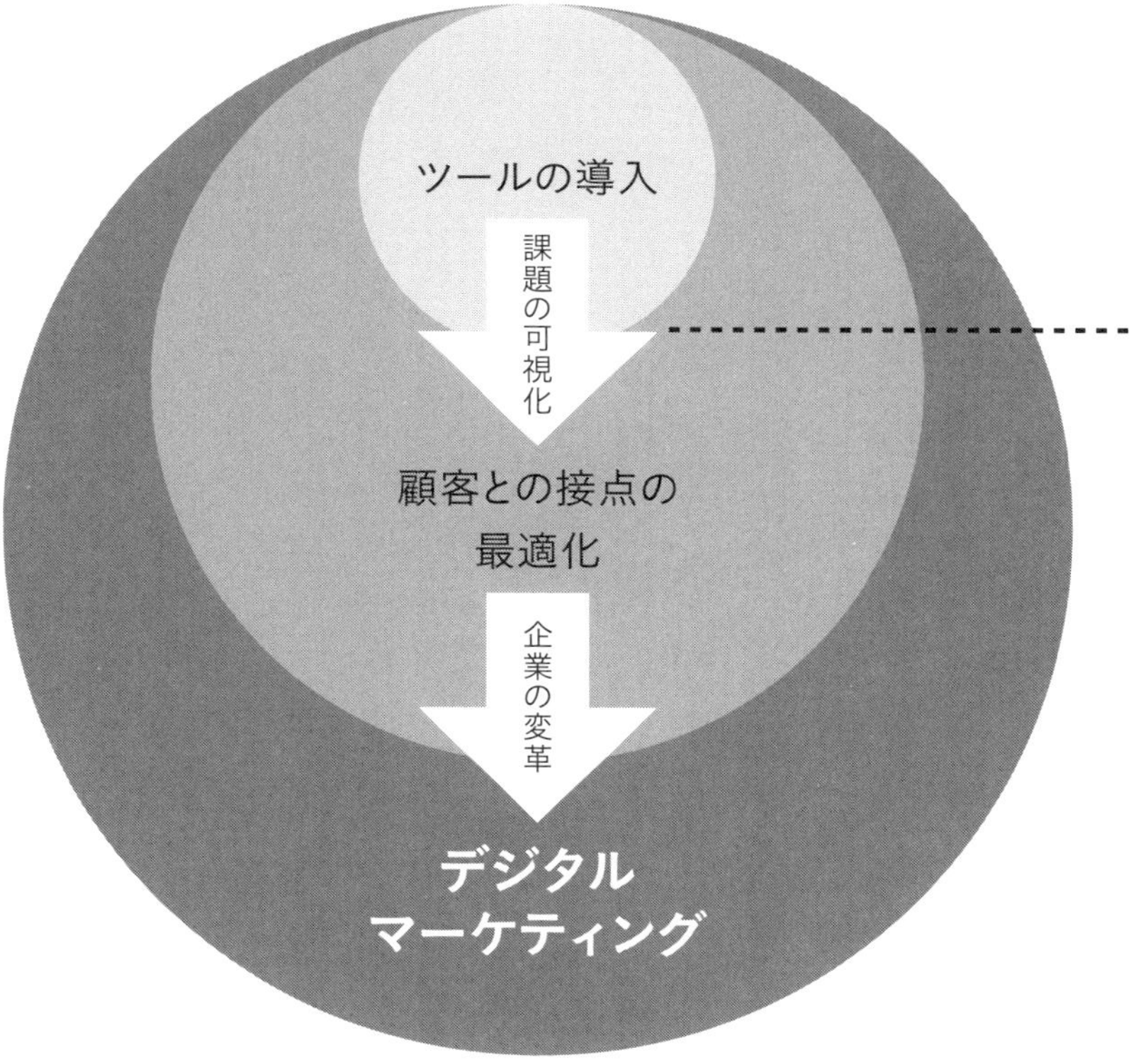

スにいたる……というケースも少なくないのが実情だ。

「短期的な成果を期待するだけでなく、長い時間をかけて顧客と関係を築いていくことが重要です。その意味でこそ、デジタルマーケティングが必要なのです」と祖谷は強調する。

営業に使えるリソースが問題になるのはこのためだ。一つの案件が長期化すれば、リソースはそれだけ必要になる。しかし、営業担当者の稼働できる時間と労力には限りがあり、つねに長期的に関われるとは限らない。

それでも、デジタルツールを使って分析し、ある程度まで自動的に対処できる範囲を広げていくことで、リソースを有効活用し、より広く、より多い顧客との関係を、より長く持続することができるようになる。そのためには、顧客の動向を数値として分析し、適宜判断していくことが望ましい。

マーケティングオートメーションとはなにか

じつは、マルケト事業部が手がけている「マーケティングオートメーション」という分野は、そうした行動を自動化していくためのツールである。

現在のマーケティングオートメーションでは、特に潜在顧客（見込み顧客）を開拓する際に、「最適な情報」を「最適なタイミング」「最適な方法」で提供することを自動化するものを指す。

見込み顧客との初期コンタクトのあり方はさまざまだ。電話セールスや対面セールスはもちろん、展示会や勉強会での接触、あるいはウェブからの問い合わせもある。

それらをきちんとデータ化したうえで、さらにウェブでの動向や次回のコンタクトへの反応などをデータ化し、「見込み顧客」としての可能性やタイミングなどを可視化する。そして、最終的な受注までの流れをつくっていくのが目的だ。

以前から、そのプロセスをデータ化する「ＣＲＭ（カスタマーリレーションシップ・マネジメント）」などのツールは存在していたが、マーケティングオートメーションでは単に記録するだけでなく、文字どおり、ある程度自動化することで、マーケティングに必要なリソースを減らし、同じ営業リソースで、より広く、より多い顧客と、より長く関係を築くことを目的としている。

そしてそれは、過程のデータがデジタル化されているがゆえにできることだ。顧客との関係が記録されており、それを使って営業することは基本的なことだ。それを自動化するために、顧客を「群」でとらえ、「個」では見出しづらかった全体傾向を把握することも、デジタルマーケティングの重要な役割である。

そのような情報は経営指標の一つとなり、より大きな視点から企業を舵取りしていくための要素としても使われていく。

規模の大小が無意味化する時代

B2Cの分野では、一人の顧客にかけられるリソースはそもそも小さい。

したがって、デジタルツールによって「手数を増やす」こと自体、ストレートに歓迎される傾向にある。一方で、B2B領域で営業リソースを最適化していくことには、労力を減らす以外にどういう意味があるのだろうか?

そこには、現在の企業が広く抱える「競合の拡大」という問題がある。

「たとえば、大手企業に対して工学系の商材を販売している企業があるとします。そうした企業は従来、『大手だけ』とビジネスをしていたものです。

しかし現在は、その規模の企業が中小の市場へと降りてくる例が増えている。たとえば、大病院向けに医療機器を販売していた企業が、街のクリニックなどにビジネスを拡大している例もあります。

これは、機器のデジタル化によってコストが下がり、商圏となりうる対象が広がったためです。逆に、中小を対象としていた企業にとっても、より大きな企業を相手にビジネスをするチャンスが広がっている、という見方もできます。

そこで、できるかぎり効率よく、顧客のニーズを理解したうえで広く行動する必要がある。素早く動かなければ、見込み顧客を逃す可能性もあります」（祖谷）

すなわち、ライバルが多角化し、見込み顧客もまた多角化している現在、いかにそこに効率的、かつ効果的にアプローチできるかが重要であるということだ。

従来、技術を売りにする企業――特に小規模な企業は、マーケティング部門をもたなかった。そこに人員を割《さ》くくらいなら、自分たちの強みである技術にリソースを集中すべき、と考えられていたからだ。

それはたしかに、一面の真実ではあるのだが、すでに時代は変わりつつある。デジタルツールの活用によって、小さな企業でも大手と直接取引ができる時代になっているのだ。

同様に、大企業内の製造部門においても、本社のマーケティング部門にすべてを任せるのではなく、自らの直接的な判断によってマーケティングをおこなう例も増えてきている。「ツールを適切に使える」ことは、それだけポテンシャルを広げ、組織をフラットなものにする可能性を秘めているのだ。

デジタルマーケティング最大の問題点

前項までの話を聞いて、懐疑的な見方をする人も少なくないだろう。効率よくデジタルツールの助けを借りて、手広くコミュニケーションを取ることは、それだけ「数の勝負・量の勝負」になりやすいということでもある。「手をかけずに数だけを増やしても、意味がないのではないか」「無味乾燥な機械的な対応が増えても、意味がないのではないか」という声が聞こえてきそうだ。

事実それは、デジタルマーケティングの最大の問題点である。デジタル化することによって、顧客に情報発信するコストは劇的に下がった。紙のダイレクトメールやチラシとは、1通あたりのコストは比べものにならない。そのため、「とにかく接点をつくって手数を増やせ」ということになりがちだ。

特に、一般消費者向けのデジタルマーケティングは、いまだ「手数重視」から抜け出せずにいる。しかし、そんなやり方が喜ばれていないのは、みなさんも自身の経験からよくご存じだろう。

ウェブ検索の履歴からユーザーの動向をトラックできるようになったとはいうものの、それを野放図に使いすぎたのでは、「どのウェブを見ても同じ広告が出る」状態になってしまいかねない。電子メールで顧客とコンタクトを取るのは容易だが、送信したメールマガジンを読んでもらえなかったとしたら、なんの意味もない。

コンタクトのコストは大幅に下がったが、コストが低いからといって追いかけつづけてもメリットは少ない。むしろ、自社に対して悪い印象を与えてしまいかねないのが実情だ。

三井住友カードの事例で語られていたのは、そこでいかに抑制をかけ、顧客の「求めるとき」を先読みして、いかに適切なタイミングで声をかけるか、という姿勢だ。

「簡素な接客」、「濃密な接客」

ウェブが一般化して20年以上、スマホが登場・定着してからでも10年が経過しようとしている。今後も引き続き、新しい技術要素が出てくるだろうが、これから10〜20年が経過しても、我々がウェブやアプリを使いつづけるのは間違いない。

ウェブ上における企業と顧客との関係は、もはや短期的なものではありえない。街角にある実店舗と同様、生活のなかで長く付き合う、あたりまえの存在となっていくのだ。三井住友カードが重要視する「ライフタイムバリュー」という発想は、決してクレジットカード会社に特有のものではなく、一般消費者と向き合ってビジネスをするあらゆる企業にとって、必須の考え方になるだろう。

このイメージは、自分がどこかの店に入ったときのことを考えればすぐにわかる。

入った瞬間に店員がべったり張りつき、求めてもいない商品を勧めつづけるような店舗に入りたいと思うだろうか。良い店は、その客がどういう接客を求めているかを行動から読み取り、必要なときにだけ濃密なコミュニケーションを取るものだ。

そのようなサービスはもちろん容易なものではなく、経験と熟練を要する。だからこそ、「簡素な接客」と「濃密な接客」を高次元のバランスで実現している店舗は少ないし、そういうことができる店員は貴重な存在であり、その店の顔になる。

物理的な店舗であれば、住んでいる地域や勤務先などの条件から、選びたくても選べない場合も少なくない。しかし、ウェブ上の店舗やサービスは、よほど他に替えのきかない内容を提供しているのでないかぎり、簡単に切り替えられる。

たいていの顧客は文句もいわず、ただ静かに去っていくだけなのだ。

デジタルマーケティングの本質

別の言い方をすれば、デジタルマーケティングという存在は、そこで良いバランスの接客を、属人的なカンや経験に頼るのではなく、データの裏づけによって実現するための方法論である……と定義することができる。

したがって、たとえば、名刺を交換した人に無差別にメールマガジンを送る行為や、ウェブ広告が1社のもので埋まる勢いでターゲティング広告を出す行為は、ウェブを使ったマーケティングではあるものの、決してデジタルマーケティングにはなっていない。

そのような単純なレベルを超えて、顧客が求める関係を築くためにデータを活用することこそ、デジタルマーケティングの姿といっていい。

アスクルが「顧客が自社に求める売り方」を追求して分析をつづけたのも、三井住友カードが「顧客のアクションをもとにコンタクトする」やり方へと移行していったのも、データを得た結果、「自らがなにをすれば、ビジネスをより効率的に、顧客に好まれるかたちで運営できるのか」という視点に行き着いた結果なのだ。

そうした価値計測は、純粋なデジタルでのコミュニケーションだけではなく、チラシや紙のダイレクトメール、交通広告などにも広がっている。印刷をつくり分けるコストが下がったことで、顧客ごとに少しずつ違ったチラシやダイレクトメールを送り、その結果をチラシごとのコンタクト先の違いなどから集計し、デジタルでのコミュニケーションとともに並べて数値化することで、それぞれの価値を最大化する試みもおこなわれている。

第1章で見たとおり、「ロハコ」では、配送する荷物のなかに入れるチラシまでカスタマイズしているが、それも価値計測があってのことだ。

マス広告の価値が見直されている理由

また最近は、特にアプリの広告などを提示する場として、電車内や駅の交通広告などが見直されてきている。これらに加え、テレビＣＭも含めたマス広告には、影響力がまだ十分にあるからだ。

スマホアプリ等ではむしろ、「マス広告を出したあとのアプリ稼働率」などを計測することで、リアルな世界とデジタルな世界でのマーケティング戦略を一体化し、うまく活用するのがあたりまえのことになってきている。

じつは、アドビも２０１９年に入って以降、スマホユーザーを狙った「ライトルーム(Lightroom)」の交通広告を開始した。ライトルームはプロも使う本格的なソフトであり、従来は写真愛好家やプロに向けた宣伝広告が多かった。

だが、スマホに内蔵されているカメラの高性能化や、「インスタ映え」のような写真ニーズの高まりから、スマホでの利用をより促進することが新規顧客の獲得につながるとの判断のもと、もっとライトで若い層を狙った広告戦略を加速している。

そこで交通広告を活用しているのも、結果を他のネット広告やデジタルなコミュニケーションと比較したうえで、目的達成に有効と判断してのことである。

「デジタルツールの使い方」を再考する

じつは、アドビが「クリエイティブクラウド」でおこなっていることも、根っことしては、これら広告戦略やウェブ戦略と同じ考え方に基づいている。

ツールがどう使われているかを分析することは、結果的に顧客満足度の向上につながる。そこで、より良いツールの使い方、ちょっと凝った使い方を、そのユーザーにあったチュートリアルとして提示することは、プロ向けでそれなりにハードルが高いアドビのツール群を、長く、濃密に使ってもらうための施策であり、いかにクリエイティブクラウドを顧客に好きになってもらうか、という戦略である。

もちろん、デジタルマーケティングは決して、完璧な存在ではない。

企業は、消費者一人ひとりをずっと見つづけているわけではないし、プライバシーの観点から考えれば、そうするわけにもいかない。個々人の希望と企業側の考えにズレが生まれることは否めず、度重なる通知や告知で、「そうじゃない」「余計なことをしやがって」と感じさせてしまうシーンは、今後もなくならないだろう。

だが、企業側がうまくリソースを活用し、「顧客に自社を好きでいてもらえるか」「関係を維持したいと思いつづけてもらえるか」という観点をもって活動することは、状況を必ず好転させるはずだ。そのために数字とツールを活用することこそが、働き方改革＝デジタルトランスフォーメーションであり、デジタルマーケティングの利点だ。

じつは、取材を通じて痛感したのは、「もっと顧客を追いかけられるツール」として解析ツールを用いるのは間違いではないか、という視点だった。これは、筆者にとって、きわめて印象深い視座だった。

考え方は、B2BでもB2Cでも変わらない。祖谷は、この観点をこう説明する。

「重要なのは、マーケター側の意識改革です。営業の手法は、そもそも人によって異なるものだし、質を維持しつづけるには大変な労力を必要とします。

一方で、優秀なマーケターが一人いて、その手法をツールに持ち込むことができれば、一気にスケールを拡大することが可能でもある。重視すべきは『キャパシティ』です。営業やコンサルタントはつねに稼働していなければならないリソースですが、そのためのマンパワーには当然、限界もある。

ツールを導入することは、効率化を進めるためのレバーなのです。この手法とこのツールの組み合わせが最強、という形が見えてきたら、それを味方につけない手はない。一般的に企業は、営業のリソースを増やすことで売り上げを伸ばしています。しかし、日本は今後、労働リソースが減っていく傾向にある。日本においては特に、ツールを活用し、効率化することに手をつけない理由はありません」

デジタルマーケティング市場の難しさとは？

デジタルマーケティング最大の問題点はなにか？
それは、成功のための方法論がシンプルではなく、導入が難しいことだ。本書で取材した企業は、もちろん成功例だ。しかし、その成功例でさえも、相応の試行錯誤を経ての結果である。

祖谷は、マルケトでの事業を通じて「デジタルマーケティング市場の難しさを痛感した」という。ＩＴにおける商材は、基本的に使い方が決まっているものが多い。しかし、マーケティングのツールは、個々の現場や担当者、商圏や企業規模などによって、やるべきことがバラバラだからだ。

そうした背景もあって、デジタルトランスフォーメーションやデジタルマーケティングの導入にあたっては、しっかりしたコンサルタントをつけて、個々の企業に適したやり方を見出すことが重要であるといわれる。事実そのとおりで、担当者レベルで導入すれば終わり、というシンプルなツールでは活用の幅が狭く、経営課題についてのコンサルテーションをともなったやり方のほうが当然、効果的だ。

実際にアドビも、単純にツールを販売するだけでなく、コンサルテーションを含めたソリューション提供をビジネスの主軸としている。重要なのは「経営課題の解決」であり、ツールの導入ではないからだ。

コンサルテーションの役割

どんな経営課題の解決にどういう手法が向いていて、そのためにはどのようなツールと計測手法が求められていて、どう運用すべきか——。その見極めと実践は、導入と運用に関するコンサルテーションがあって初めて、機能する。

デジタルマーケティング・ツールのベンダーと顧客は、導入したシステムが効率的に機能しはじめるまで、二人三脚で動き、プロセスそのものをつくり上げていく協業関係を維持する必要がある。

「製品に対する知識は、なにより重要です。きちんとしたガイドが存在しなければ、間違った使い方になるリスクがあるからです。きっちり経験を積んでいないと、同じような過ちを繰り返すことがある。そこで最短距離を走るためには、ガイドとしてコンサルタントがあいだに入ることが必要なのです」（祖谷）

一方で、コンサルテーションだけですべてがうまく解決すると考えるのも間違いだ。祖谷がつづける。

「顧客企業の求めるものは多様です。大手と中小とでは市場に対する考え方も異なるし、求める機能の粒度も違う。金融機関が必要とするものと、洗剤メーカーのような企業が求めるものとではまったく要件が異なります。マーケティングに対するリテラシーも多様であるがゆえに、いくら優秀なコンサルタントがいても、すべてをサポートし、ガイドしていくのは難しい部分があります」

他の企業・業界と導入事例を共有する

デジタルマーケティングを導入する企業での活用を考えるうえで、アドビが重視しているものがある。それは「ユーザーグループ」だ。

コンサルテーションだけでは、１００パーセントすべての課題を解決することはできない。だとするならば、ユーザー企業どうしで課題をシェアしあい、互いに相談しあうのはどうか、という発想から生まれたものだ。

こうした活動では、単純な事例紹介だけでは見えてこない、それぞれの企業が抱えている「生の課題」を互いに認識しあうことができる場合も多く、ユーザー企業側としても、より実践的な解決策を知ることができる。

「日本の顧客は、他企業における導入事例を重視する傾向にあります。実際に使っている人たちがどう感じているのか？――その点がきわめて重要です。

マーケティングはどんな会社にとっても経営戦略の要ですから、『リアルな事例は共有してもらえないのではないか？』という声もあります。しかし、マルケトのユーザーグループでは、どの企業も積極的に課題を共有してくれます。どの業界に属する企業もみな、他企業の利用者の生の声を聞きたい、ということなのでしょう。

ユーザーグループのコミュニティ運営は、弊社としても大切なものだと考えています。特に重要なのは、ユーザー企業の規模ごとのバリエーションでしょうか。中小から大企業まで、コミュニティメンバーを増やしていくことが、ユーザーの学びを最大化するうえで大切だと考えています」（祖谷）

日本企業に共通する「ある誤解」

じつは、デジタルマーケティングの導入に関しては、多くの日本企業に誤解が存在する。それは、新たなシステムの導入は初期費用が大きく、絶対に失敗が許されないという思い込みだ。過去数年の大きな変化として、クラウドベースでシステムが提供されるようになったことが挙げられる。デジタルマーケティングに限らず、企業を変革させるレベルのシステム導入はイニシャルコストが巨額になるイメージがあるが、じつは真逆で、初期費用を抑えることが可能になっているのだ。

本書で紹介してきた事例からも明らかなように、導入後の試行錯誤はもちろん必要不可欠だが、当初から完成形を目指したり、いきなり全社態勢で取り組んだりする必要がないのも現在のシステム導入の特徴だ。

「小さなところから試し、完成度を上げていく」方針が、適しているのである。

その好例として、スタートアップ企業の実例を紹介しよう。

「数字を読み取る文化」の定着を

フィナテキスト・サービスディレクターの榎本拓郎は、スタートアップならではの視点から、「デジタルマーケティングによる改善は小さく始める」ことの価値を実体験を交えつつ次のように語る。

「まずは事業部の現場で、トライアルとして使ってもらいました。営業担当者にではなく、ディレクター・企画職にトップとして、です。

単にヒートマップ（顧客が操作していた／見ていた部分を履歴データから可視化した図）を見せるだけでは、『へー、すごいね』で終わってしまいます。実際に使ってもらって、一緒にＰＤＣＡサイクルを回すことで、新たなシステムに巻き込みながら導入することに努めました」

榎本がいう「ＰＤＣＡサイクル」とは、「plan-do-check-act cycle」のことで、計画（Plan）→実行（Do）→評価（Check）→改善（Act）の４段階からなるサイクルを繰り返しおこなうことによって、業務内容やプロセスを継続的に改善していくことを指す。

導入にあたっては、「ある一つのこと」に注力していたという。榎本がつづける。

「明確な活用イメージを、ディレクターである私だけがもつのではなく、現場担当者や上層部にも同時に認識してもらうことを意識していました。そのためにはまず、分析のための指針となる『ＫＰＩツリー』をこちらで用意する。『各指標が売り上げにどう結びつくのか』というデータ化は、すべて私たちがやってしまいます。

結局、いちばん難しいのは『ツールに習熟すること』です。デジタルマーケティングのツールを熟知して使うのは、決して容易ではありません。生の数字から分析できるようになることは大事ですが、それよりもまず、使いこなせるかどうか。データやＫＰＩを見て、仕事をするようになるか。

すなわち、『数字を読み取る文化』が現場に定着するかどうかが重要です。そのために

『こういうデータが見たい』といわれたら、こちらでつくってしまえばいい。属人的なやり方ではあるのですが、『アナリティクスというものは面白い』と思ってもらうための、いいきっかけになりました」

まさしく「小さなところから試し、完成度を上げていく」の実例だ。

ジャイアントキリングを起こすツールとして

フィナテキストでは実際に、榎本の説明どおりの方法で、口座開設に関するワークフローをデータ解析からの指針をもとに改善していく試みをおこなった。そういう手法をとることで、口座開設率の明確な改善結果が見えてくると、社員全体が「面白い」と感じて、システムを活用するようになる。

アドビのツール群で解析した結果を用いて業務改善していく手法はいまや、同社のフレームワークとして定着している。榎本がいう。

「ツールは決して、安いものではありません。だからこそ、ちゃんと使えることを実証しないといけない。活用イメージをしっかりもって、うまく使えばいいのです。

こういう手法は、伝統的な産業でありながら、いまだサービス化されていない、あるいは定石がない領域ほど効果が高いと考えます。アナリティクスから発見・発明し、ジャイアントキリングにつなげることが可能だからです。だから我々は『金融』にマッチしている、と考えているんです」

「変化しながら先を見据える」ビジネス感覚を

日本には、専業のマーケターという職種が意外と少ないといわれる。「デジタル時代のマーケティング手法を自社ビジネスにどう活かすか」——こうした視点と知見をもった人となると、きわめて限定されるだろう。

それは当然だ。

デジタルトランスフォーメーションにともなうマーケティング手法の変化は緒についたばかりで、適切なアプローチも定まっていなければ、ビジネスの現場で実体験した人も少ないからだ。

マルケト事業部がユーザーグループの重要性を強調するのは、それぞれの企業における各担当者にとっての「学びの場」が重要であるという観点からだ。

デジタルトランスフォーメーションやデジタルマーケティングで成功するためにはまず、自らが取り組むビジネスを理解しなければならない。そのためには、システムを担当する人・運営する人が主体性をもって取り組むことが重要だ。「コンサルタントが入ったから任せきり」では、成功は期待し得ない。

「特に、初期のユーザーに正しく使ってもらい、模範になってもらうことが重要です。サービスを提供する企業には、いずれも成功事例になっていただき、日本におけるデジタルトランスフォーメーションの推進者になっていただきたいと考えているからです。

実際に、『デジタルトランスフォーメーション』や『デジタルマーケティング』という言葉が先行して問い合わせが入るケースもありましたが、それでは市場は成長しません。

我々は、すべての顧客に正しく活用していただいて、デジタルマーケティング市場を構成していくことが重要だと考えています。そのようにして大切に育てていけば、長いスパンで市場は形成されるはずですから。

実際、デジタルトランスフォーメーションもデジタルマーケティングも、まだまだ進化の途上にあるのです」

祖谷は、現状をそう分析する。筆者もまったく同意見だ。規模は小さくても、主体的に取り組みはじめること。そして、その効果の本質を「自らの企業のビジネスにおいて」評価することがなにより重要だ。

誰も失敗はしたくない。だが、目まぐるしく動く現代のビジネス環境において、変化しながら先を見据えるためには、「変化することを前提として、新しいやり方に取り組む」方法論を身につける必要がある。

筆者が考えるデジタルトランスフォーメーションの本質は、まさにそこにある。

おわりに

筆者にとってアドビは、「生まれて初めて買った高額なソフトウエアの会社」だ。

筆者がまだ学生だった１９９０年代、アドビの「フォトショップ」は、少しでもＣＧに興味がある人間にとって、ある種憧れの存在だった。アルバイト先の出版社で触れてはいたものの、十数万円もするソフトはなかなか買うことができなかった。アルバイトでお金をため、ローンでパソコンを買う際に、フォトショップも一緒に買ったのだが、まさに「清水の舞台から飛び降りる」ような気持ちがしたことを鮮明に覚えている。現在のように、毎月１０００円以下で使えたなら、どれだけ楽だったろう。高価なパソコンとフォトショップを買った代償として、食事がずいぶん貧しいものになったのを懐かしく思い出す。

本書でも触れたように、フォトショップはもはや、憧れだけの存在ではない。学生でも十分に手が届く。

幾多のテクニックと絵心を駆使しないと決してつくることができなかったコラージュなど

も、ＡＩの力を借りてワンタッチで作成できるようになった。２０２０年には、スマートフォン用のカメラアプリ「フォトショップカメラ（Photoshop Camera）」まで登場する。

20年の時を経て、アドビは「一部のプロフェッショナルにツールを提供する企業」から、「クリエイティブな心をもつすべての人にツールを提供する企業」へと変貌した。それは、企業としての成長を、拡大に求めた結果でもある。

そして、本書のなかで解説したように、その変貌は必然であり、企業としての体質変化をも求められる、本質的な「変　身《トランスフォーメーション》」でもあった。

同様の変身を、他の大手ソフトウエア企業も経験している。

マイクロソフトは「ＯＳとオフィス（Office）の会社」から、「クラウドとサービスの会社」になった。「ウィンドウズ（Windows）」のアップデートを無償化することで、自社ＯＳにこだわる姿勢を捨て、「マイクロソフトのクラウドとサービスを使ってくれるなら、どのＯＳを使ってもいい」と明言する企業へと、その姿を大きく変えている。

すでに古豪といえる2社を取り囲むのは、グーグルやアマゾン、フェイスブックといった「デジタルネイティブ」「クラウドネイティブ」といえる時代の企業であり、彼らと伍して戦い抜くには、変身することが必須かつ必然だったのだ。

じつは、アドビの現ＣＥＯであるシャンタヌ・ナラヤンと、マイクロソフトの現ＣＥＯであるサティア・ナデラは、彼らの出身地であるインドのパブリックスクールの同窓生なのだという。それが影響したわけではないだろうが、同時期に同じような変化を選んだ２つの企業のトップが、同世代の知己である事実は、じつに興味深い。

本書刊行のための最終作業のさなか、筆者は米・ロサンゼルスに赴き、アドビの年次イベント「Adobe MAX 2019」を取材していた。ツールの新技術を公開する恒例のイベントだが、アドビのツールを日々、使っているクリエイターが多く参加しており、自分たちが日常的に使っている道具の進化に歓声を上げるようすが印象的だった。

一方で、そのような場であるからこそ、アドビのツールに全員が満足していて、なんの不満も抱いていない、というわけではないことも見えてきた。

「こうなってほしいのに、その機能が搭載されない」「新機能によって、これまでのやり方が通用しなくなった」などと、不満を述べる人々も多数、存在したのだ。

これは、ある意味で正常なことだ。

アドビのような企業にとっては、ユーザーからのこうした声をいかにすくい上げ、次なる進化にきちんと活かしていけるかどうかという視点が、これからの成功に必要不可欠だ。

「サブスクリプション=有料会員制」のサービスの特徴とは、なんだろうか？

サブスクリプションの提供者に対して、ユーザーは単に利用料を支払うという関係である以上に、「今後もこのサービスを使いつづけたいと思わせる期待感」に対してお金を支払っているようなところがある。

顧客との関係構築は、パッケージ売り切りの時代よりも、さらに重要度が増している。

顧客との関係構築の形が変化したのは、アドビだけの現象ではない。消費市場の成熟により、人々は単純な衝動ではモノを買わなくなった。

買うときには「欲しい」という気持ちで購入するものの、「次にまた選ぶか」という場面では、より満足度や信頼感を重視するようになっている。「安い」ことが求められる一方で、「安いだけでは売れない」時代がやってきているのだ。

本書執筆のための取材時に注視していたのは、そうした関係構築にこそ、デジタルテクノロジーが活用できるのではないか、という点だ。企業は、市場環境の変化に合わせてビジネスの形態を変えねばならず、デジタルトランスフォーメーションはその結果にすぎない。

「デジタルトランスフォーメーションをしなければならない」といういい方があるが、それは間違いだ。変わらなくてもやっていけるなら、なんの問題もない。

しかし、顧客の側がゆっくりと、しかし着実に変わっている以上、企業の側も変わらざるを得ないし、企業における働き方やシステムを変えることなく、社員にだけ変化への対応を求めたのでは、ひずみは大きくなるばかりだ。

本書ではあえて、「どう変えるべきか」「どこに手を入れるべきか」という各論に踏み込んでいない。紋切り型の各論には、意味がないと思っているからだ。

企業はみな、それぞれに異なる存在だ。同じ業種でも、A社とB社は違うべきだし、違わなければともに生き残ることなど不可能だ。

各社がそれぞれに、変化への適切な対応をおこなう必要がある。そのためには、「自社にはなにが適しているのか」を試すことが重要だ。

素早く小さく試し、修正し、うまくいったものを採り入れる——。それを短いサイクルで繰り返す「高速回転」こそが、現在のテクノロジーが可能とするビジネス変革のスタイルだ。

本書で取り上げた各企業は、顧客の反応を見てKPIを変え、つねに最適化を繰り返している。アドビもそうだ。

デジタルトランスフォーメーションの本質とは、「自社にとっての最適をつねに問い直す」

ことにあり、それを支えるテクノロジーにある。
本書の取材・執筆を終えたいま、筆者は、そう考えている。

２０１９年11月吉日

西田宗千佳

西田宗千佳（にしだ・むねちか）

1971年、福井県生まれ。フリージャーナリスト。

得意ジャンルは、パソコン・デジタルAV・家電、そしてネットワーク関連など「電気かデータが流れるもの全般」。取材・解説記事を中心に、主要新聞・ウェブ媒体などに寄稿する他、年数冊のペースで書籍も執筆。テレビ番組の監修なども手がける。

主な著書に、『すごい家電』『暗号が通貨になる「ビットコイン」のからくり』（いずれも講談社ブルーバックス、後者は吉本佳生氏との共著）、『ポケモンGOは終わらない』（朝日新書）、『ソニー復興の劇薬』（KADOKAWA）、『ネットフリックスの時代』（講談社現代新書）、『iPad VS. キンドル 日本を巻き込む電子書籍戦争の舞台裏』（エンターブレイン）などがある。

デジタルトランスフォーメーションで何《なに》が起《お》きるのか
――「スマホネイティブ」以後《いご》のテック戦略《せんりやく》

2019年11月29日　第１刷発行

著　者　西田宗千佳《にしだむねちか》
発行者　渡瀬昌彦
発行所　株式会社講談社
〒112-8001　東京都文京区音羽 2-12-21
電話　出版　03-5395-3524
販売　03-5395-4415
業務　03-5395-3615
印刷所　株式会社新藤慶昌堂
製本所　株式会社国宝社

ISBN978-4-06-517988-8

N.D.C.335 206p 19cm